Manfried Rauchensteiner · Österreich-Ungarn und der Erste Weltkrieg · 1914–1918

MANFRIED RAUCHENSTEINER

Österreich-Ungarn und der Erste Weltkrieg 1914–1918

BILDBAND

Eine Publikation
des Heeresgeschichtlichen Museums/
Militärhistorisches Institut und des
Österreichischen Staatsarchivs/Kriegsarchiv

Steirische
Verlagsgesellschaft

© 1998
Steirische Verlagsgesellschaft m. b. H. Graz
Alle Rechte vorbehalten

Kein Teil des Werkes darf in irgendeiner Form (durch Fotografie, Mikrofilm oder ein anderes Verfahren) ohne schriftliche Genehmigung des Verlages reproduziert oder unter Verwendung elektronischer Systeme verarbeitet, vervielfältigt oder verbreitet werden.

ISBN 3-85489-012-5

Die Deutsche Bibliothek – CIP-Einheitsaufnahme:
Österreich-Ungarn und der Erste Weltkrieg : ein Bildband/ Manfried Rauchensteiner. – Graz : Steirische Verl.-Ges., 1998
ISBN 3-85489-012-5

Bildnachweis:
Sämtliche Abbildungen aus dem Österreichischen Staatsarchiv/Kriegsarchiv (Wien) und dem Heeresgeschichtlichen Museum (Wien) bis auf folgende Abbildungen: S. 115 rechts unten, S. 158 links, S. 170 links unten, S. 178 links oben und S. 233 rechts: Bildarchiv der Österreichischen Nationalbibliothek (Wien).

Umschlaggestaltung und Layout:
Siegfried Jesch
Reproduktion:
Reprozentrum Klagenfurt
Gesamtherstellung:
Steirische Verlagsgesellschaft, Graz

Kartenverzeichnis:

Der Balkankriegsschauplatz
(August–Dezember 1914)
zwischen S. 16/17

Die Ostfront 1914
zwischen S. 32/33

Der Balkankriegsschauplatz
(Oktober 1915–März 1916)
zwischen S. 48/49

Die Südtiroloffensive
(Mai–Juni 1916)
zwischen S. 80/81

Die Brusilov-Offensive
(Juni–August 1916)
zwischen S. 144/145

Die zwölf Isonzoschlachten
(Juni 1915–Dezember 1917)
zwischen S. 176/177

Die Verwendung der Karten erfolgt mit freundlicher Genehmigung des Verlages Styria/Graz.

Umschlagbild: Siehe S. 40/41 sowie Porträtausschnitte von Kaiser Karl I., Kaiser Wilhelm II. und Gen. d. Inf. Franz Conrad v. Hötzendorf

Inhaltsverzeichnis

Vorwort | **6**

I. Die Illusion
1 Am Vorabend | **10**
2 Sarajevo und die Entfesselung des Krieges | **11**
3 Die Umstellung auf den langen Krieg | **15**
4 Das Ende der Euphorie | **17**
5 Der erste Kriegswinter | **20**
Abbildungsteil | **23**

II. Die Ernüchterung
6 Der Kriegseintritt Italiens | **66**
7 Sommerschlacht in Galizien | **70**
8 Über die Kriegsziele | **73**
9 Südtirol und Luck | **75**
10 Ein Mord und der Tod des Kaisers | **81**
11 Das Erbe | **86**
12 Die Februarrevolution in Rußland und ihre Folgen | **88**
13 Letzte Siege: Otranto, Bukowina und die Durchbruchsschlacht von Flitsch-Tolmein | **91**
Abbildungsteil | **96**

III. Das Ende einer Großmacht
14 Russische Oktoberrevolution und Innere Front | **186**
15 Frieden mit Rußland und Rumänien | **188**
16 Die Sixtusaffäre | **191**
17 Die letzte Offensive | **194**
18 Der Krieg wird Geschichte | **199**
Abbildungsteil | **203**
Chronik | **238**

Vorwort

Schon beim Erscheinen meines relativ umfangreichen Buches „Der Tod des Doppeladlers" habe ich es sehr bedauert, daß es nicht möglich war, eine größere Zahl von Abbildungen aufzunehmen. Dabei ging es aber nicht darum, ein wenig mehr Illustrationen unterzubringen, denn lediglich illustrierte Geschichte zu schreiben, war gewiß nicht notwendig, geschweige denn beabsichtigt. Doch es existieren so viele außerordentlich informative und aussagekräftige Aufnahmen aus dem Ersten Weltkrieg, die auch regelrechten Quellencharakter besitzen, daß man mit Fotos zweifellos mehr erreichen kann, als sie bloß gefällig aneinander zu reihen.

Bei der Durchsicht der großen Fotobestände, vornehmlich des Heeresgeschichtlichen Museums und des Österreichischen Kriegsarchivs, zeigen sich aber auch sehr rasch Besonderheiten, die es bei einem Bildband über Österreich-Ungarn im Ersten Weltkrieg zu berücksichtigen gilt. Die meisten offiziellen Fotos aus den Kriegsjahren wurden von Fotografen des k. u. k. Kriegspressequartiers gemacht. Andere wurden von Fotografen angefertigt, die zum wenigsten eine mit Propaganda gemischte Information zum Ziel hatten, sondern zu Dokumentationszwecken und zur eigenen Erinnerung auf den Auslöser drückten. Sofern dabei ganze Alben oder große Serien angelegt wurden, kann man solcherart längerfristig das Geschehen auf einzelnen Kriegsschauplätzen oder auch bei den verschiedensten Truppenkörpern nachvollziehen. Der größte Mangel im einen wie im anderen Fall sind jedoch die meistens sehr beiläufigen Beschriftungen. Wenn man aber darangeht, Fotos systematisch herauszusuchen, zu analysieren und interpretieren, dann entsteht sehr bald eine eigene und recht eigentümliche Geschichte des Weltkriegs. Sie ist freilich primär geeignet, die Schauplätze abseits der Politik zu zeigen. Vor allem wird etwas unterstrichen, das auch beim Schreiben der Geschichte ganz besondere Gewichtungen zur Folge hat: Auf einmal erhalten Schauplätze, Ereignisse oder auch nur Szenen ein Gewicht, das ihnen – streng genommen – gar nicht zukommt. So sind rein mengenmäßig die Aufnahmen von bestimmten Regionen des Balkans, aus Palästina oder auch von der Tiroler Gebirgsfront zahlreicher, unterschiedlicher und oft auch aufregender, als etwa die in Galizien oder am Isonzo festgehaltenen Szenen. Dabei ist es den Fotografen wie den Künstlern ergangen: Beiden waren die Eindrücke, die sie in Albanien und Montenegro, auf der Hochfläche der Sieben Gemeinden oder dann gewonnen haben, wenn sie auf unsägliches Leid gestoßen sind, nur mehr die geschundene Kreatur vor sich gesehen haben, verpflichtender als die beiläufigen Bilder des Krieges. Da verlor dann das politische Geschehen sehr rasch an Bedeutung.

VORWORT

Bilder vom Krieg sind daher eine ganz besondere Art der „Geschichte von unten", und das sollte man wohl auch respektieren. Denn was hält schon den Vergleich mit dem „Tal der toten Pferde" oder einer Kamelkarawane aus, die österreichisch-ungarische Truppen an den Suezkanal begleitete? Bei den politischen Inhalten war es eigentlich nur der Monarch, der reportagehafte Fotosequenzen gewidmet bekommen hat, während sich kaum jemand um Ministerpräsidenten oder gar Minister kümmerte.

Die Masse an Fotos, die es für den vorliegenden Band zu sichten galt, lag bei rund 150.000. (Man hätte noch mehr Fotos ansehen können). Aus denen wurde ausgewählt und immer wieder reduziert, bis sich eine Zahl von rund 300 Fotos als der aussagekräftigste Kern des Gesamtbestandes von zwei großen Bildarchiven erwies. Doch sicherlich ist die Auswahl subjektiv. Es könnte gar nicht anders sein! Bei der Arbeit an dem vorliegenden Band habe ich vielfach Unterstützung bekommen. Meine Frau Marianne hat in monatelanger Arbeit eine erste Sichtung der Fotos vorgenommen, die vor allem dazu diente, die wichtigsten Themen und Ereignisse zu bezeichnen und die Flut gewissermaßen einzudämmen. Gemeinsam haben wir dann die Endauswahl getroffen. Die kontinuierliche Arbeit war jedoch nur dank der besonderen Unterstützung möglich, die dieses Projekt seitens des Kriegsarchivs bekommen hat, dessen Direktor, Hofrat Dr. Rainer Egger, ebenso wie der Leiter der Fotosammlung, Dr. Robert Rill, sich als besonders hilfreich erwiesen haben. Von meinen Mitarbeitern im Heeresgeschichtlichen Museum sind mir besonders Dr. Claudia Ham zusammen mit Karin Stos und Renate Geron bei der Abfassung des Textes außerordentlich an die Hand gegangen. Das alles mit Dankbarkeit zu vermerken ist mir ebenso eine Selbstverständlichkeit, wie ich den ambitionierten Mitarbeitern des Verlages verpflichtet bin, die das Buch hervorragend betreut haben; mehr noch: Sie haben mich überredet, meine publizistische Absenz wenigstens ein wenig zu beenden.

Als Widmung möchte ich aber – wie schon einmal – vermerken:

Für Marianne

1 Die Illusion

Aufmarsch gegen Rußland:
„Der fröhliche Krieg"

DIE ILLUSION

1 Am Vorabend

Wie bei allen Ereignissen in der Geschichte, ja im täglichen Leben, stellt sich die Frage: Wann hat das begonnen? Und da genügt es wohl nicht, nur einfach ein Datum zu nennen. So ist es auch beim Ersten Weltkrieg. Seit Österreich eine Balkanmacht und fast nur mehr eine solche zu nennen war, wurzelten die meisten außenpolitischen Probleme in diesem Teil des Kontinents. Eine Zeitlang unternahm die Habsburgermonarchie den Versuch, den Machtverfall des früheren Erbfeindes, des Osmanischen Reiches, zu stoppen, doch es gelang nicht. Da sich Österreich-Ungarn aber auch als Erben des Großherrn sah, geriet es mit allen jenen in Konflikt, die ebenso, wenngleich aus anderen Gründen, am Balkan interessiert waren, allen voran Rußland. Dazu kamen die Gegensätze mit den anderen Staaten dieser Region, und das wurde recht schnell eine gefährliche Mischung.

Österreich-Ungarn war aber auch anderweitig in die Politik verwoben, war seit 1879 mit dem Deutschen Reich im Zweibund und wenig später auch mit Italien im Dreibund verbündet, was zur Folge hatte, daß auch die Bündnispolitik ihre Auswirkungen hatte, denn damit avancierten mehr oder weniger automatisch Großbritannien und Frankreich sowie abermals Rußland als Gegner des eigenen Bündnisses zu potentiellen Feinden.

Bei der Vorgeschichte des Krieges darf aber auch die innenpolitische Situation des Vielvölkerstaates Österreich-Ungarn nicht außer acht gelassen werden. Trotz aller Anstrengungen gelang es immer seltener, einen wirklichen Interessenausgleich zu schaffen, und aus alldem ergab sich ein Gefühlsbrei aus Resignation und Entschlossenheit, um die permanenten Krisen zu überwinden.

In der Monarchie wurden immer häufiger Stimmen laut, die meinten, daß nur ein Krieg helfen könnte, die anstehenden Probleme zu überwinden. Vor allem intellektuelle Kreise äußerten wiederholt und mit einer gewissen Ungeduld die Forderung nach einem entschlossenen Aufbruch in die neue Zeit. Es gab folglich schon ausgeprägte Erwartungshaltungen und Voraussetzungen, die letztlich die Entfesselung eines Krieges zu einem einfachen Handgriff werden ließen. Und Österreich-Ungarn, das eine Art „Defizit an Krieg" hatte, tat schließlich diesen Handgriff.

Durch die Ernennung des Generals der Infanterie Franz Conrad von Hötzendorf zum Generalstabschef 1906 setzte sich in militärischen Kreisen erstmals ein offensives Denken durch, das wohl auch auf der Furcht vor einem weiteren Erstarken Rußlands basierte, von dem man wußte, daß es aus der Niederlage im Krieg gegen Japan 1904/1905 Lehren gezogen und sein Heer stark modernisiert und aufgerüstet hatte. Und die Ernennung des Grafen Aloys Lexa von Aehrenthal zum Außenminister im Jahre 1908 führte schließlich zu einer aktiveren Außenpolitik, vor allem mit Blickrichtung Balkan. Aehrenthals Pläne sahen die formelle Annexion der im Jahre 1878 okkupierten Gebiete Bosnien und Herzegowina vor, und er fand dafür nicht nur die Zustimmung der Parlamente Österreich-Ungarns, sondern auch jene Kaiser Franz Josephs und des Thronfolgers Erzherzog Franz Ferdinand. Am 7. Oktober 1908 erfolgte die kaiserliche Proklamation der Annexion. Die Türkei, die sich zunächst in ihren Interessen gefährdet sah, wurde rasch zufriedengestellt, indem man sich bereit erklärte, für türkische Domänen in den annektierten Gebieten eine angemessene Entschädigung zu zahlen und den Sandschak von Novi Pazar zurückzugeben. Doch eine internationale Krise war nicht mehr aufzuhalten. Rußland, das über die österreichischen Absichten sehr wohl informiert gewesen war, tat entrüstet und zeigte offen Sympathien für das besonders aggressiv auftretende Serbien, das seine Hoffnungen auf ein großserbisches Reich schwinden sah. Dies veranlaßte Conrad, offen einen Präventivkrieg gegen Serbien zu fordern. Schließlich betätigte sich Großbritannien als Vermittler und bewog Serbien zur Abgabe einer Erklärung, die Beziehungen zu Österreich-Ungarn wieder positiv gestalten zu wollen. Die Monarchie gab ihrerseits den anderen europäischen Mächten in der Folge immer wieder zu verstehen, daß es keine territorialen Zuwächse suchte, wobei man aber hinzufügen muß, daß sie bei ihrer Außenpolitik keine übertriebene Rücksicht auf die Interessen anderer nahm.

Der Balkan sollte das „Pulverfaß Europas" bleiben. Eine weitere Krise auf dem Balkan 1912/1913, die in zwei kriegerischen Auseinandersetzungen gipfelte, ebnete den Weg für einen europäischen Flächenbrand, der im Juni 1914 in Sarajevo seinen Ausgang nehmen sollte. Und plötzlich war das, wovon man seit Jahrzehnten gesprochen hatte und das in zahllosen Abhandlungen zu beschreiben versucht worden war, zum Greifen nahe: ein Weltkrieg.

2 Sarajevo und die Entfesselung des Krieges

Der Anlaß war schrecklich und banal zugleich. In Bosnien fanden Manöver des k. u. k. XVI. Korps statt. Der österreichisch-ungarische Thronfolger Erzherzog Franz Ferdinand war angereist, um auf Ersuchen des Landesbefehlshabers von Bosnien-Herzegowina, Feldzeugmeister Oskar Potiorek, den Truppen einen Besuch abzustatten. Franz Ferdinand war als Generaltruppeninspektor dazu auch zweifellos berufen. Noch dazu dachte er daran, Potiorek statt Conrad von Hötzendorf zum Generalstabschef zu ernennen und wollte ihn vorher noch einmal erproben. Es hatte Meldungen über Attentatsversuche und eindringliche Warnungen vor der feindseligen Stimmung der bosnischen Serben gegeben. Der Besuch in Sarajevo schien riskant. Doch der Erzherzog war bereit, das Risiko auf sich zu nehmen und dokumentierte dies mit den Worten: „...unter einen Glassturz lasse ich mich nicht stellen. In Lebensgefahr sind wir immer. Man muß nur auf Gott vertrauen." Am 28. Juni 1914 kam Franz Ferdinand nach Sarajevo.

Bereits auf der Fahrt zum Konak, dem Sitz des Landesbefehlshabers, erfolgte das erste Attentat mit einer Handgranate, die der Erzherzog gerade noch vom Verdeck seines Wagens stoßen konnte. Der Sprengkörper explodierte unter einem dahinter fahrenden Wagen und verletzte zwei Leute leicht. Sie wurden ins Krankenhaus gebracht. Mittlerweile machte der Erzherzog dem Bürgermeister von Sarajevo heftige Vorwürfe. Dem Landesbefehlshaber und der Frau des Thronfolgers, der Herzogin von Hohenberg, gelang es, ihn zu beruhigen, indem sie ihm einen Besuch bei dem verletzten Oberstleutnant Merizzi vorschlugen. Der Erzherzog stimmte zu und brach mit seiner Frau und der Begleitung zum Spital auf. Durch eine Verkettung von Umständen kam das Auto des Erzherzogs bei der Lateinerbrücke genau vor einem weiteren der in der ganzen Stadt verteilten Attentäter zum Stehen. Der 19jährige Gavrilo Princip hatte keine Mühe, den Thronfolger und seine Gemahlin aus allernächster Nähe zu erschießen. Der Fahrer raste daraufhin zum Konak, wo man die beiden zu versorgen gedachte. Noch lebte der Erzherzog. Doch wenig später konnten die Ärzte nur mehr seinen Tod feststellen.

Die Nachricht von der Ermordung des Thronfolgerpaares verbreitete sich in Windeseile. Die überwiegende Reaktion in Österreich waren Entsetzen und Rachegefühl. Für die Verantwortlichen stand so gut wie vom ersten Augenblick fest, daß von Serbien Rechenschaft und Sühne verlangt werden müßte. Die Kriegspartei in Wien frohlockte und forderte die unverzügliche „Züchtigung" Serbiens. Conrad von Hötzendorf sprach schließlich das aus, was wohl die meisten dachten: „Der Mord von Sarajevo schloß eine lange Kette als letztes Glied. Er war nicht die Tat eines einzelnen Fanatikers, er war das Werk eines wohlorganisierten Anschlags, er war die Kriegserklärung Serbiens an Österreich-Ungarn. Sie konnte nur mehr mit dem Krieg erwidert werden."

Im Wiener Ministerium des Äußern gab es eine so gut wie einheitliche Auffassung über das, was zu tun war: Das Balkanproblem, konkret das Problem Serbien, sollte ein für allemal gelöst werden. Der seit 1912 amtierende Minister Leopold Graf Berchtold zögerte noch kurz, doch seine Berater gewannen ihn im Handumdrehen für eine militärische Lösung. Innerhalb weniger Stunden bereitete sich das vor, was als Julikrise in die Geschichte eingehen sollte und die Ausführung lange gehegter Erwägungen und längst vorbereiteter Entschlüsse brachte. Der Krieg wurde herbeigeführt. Mehr noch: Er wurde entfesselt.

Allerdings war man immer der Ansicht gewesen, daß es sich nur um einen kurzen, örtlich beschränkten Konflikt handeln würde. Man hoffte, binnen weniger Wochen die Entscheidung herbeigeführt zu haben, und auch die technischen Neuerungen, wie gut ausgebaute Eisenbahnen, Automobile und Telegrafie, vor allem aber die in ihrer Wirkung dramatisch verbesserten Waffen schienen für eine kurze Kriegsdauer zu sprechen.

Bereits lange vor 1914 hatte Conrad versucht, für die verschiedenen Konfliktmöglichkeiten Aufmarschpläne zu erarbeiten und die beiden Hauptkriegsfälle – Serbien und Rußland – vorauszuplanen. Er zerlegte das k. u. k. Heer in drei Teile: Der erste Teil, etwa drei Armeen, sollte für den Kriegsfall „R" (= Rußland) zur Verfügung stehen. Teil zwei, die „Minimalgruppe Balkan", sollte gegen Serbien und Montenegro eingesetzt werden. Den dritten Teil bildete die „B-Staffel" als strategische Reserve. Sie umfaßte etwa eine Armee und sollte, je nachdem, ob es einen Krieg mit Rußland oder mit Serbien, den Kriegsfall „B" (= Balkan), gab, eingesetzt werden. Mit der österreichischen Kriegsvorbereitung gegenüber Serbien im Verlauf des Juli trat, so schien es wohl, der Kriegsfall „B" in Kraft. Doch die Tage gingen dahin, ohne daß sich nach außen etwas zu verändern schien.

Die Frage, warum ein Land, das sich seiner Sache sicher war, so lange zuwartete, läßt sich nur schwer erklären. Zwar hatte man im Laufe des Juli Vorbereitungen getroffen und mit dem Deutschen Reich Kontakt aufgenommen, doch nach außen hin gab es keine Veränderung. Damit hatte man wohl endgültig die Chance vertan, den Schock des Mordes auszunützen und in einer Spontanreaktion über Serbien herzufallen. Rußland, das sich zunächst über das Attentat bestürzt gezeigt hatte, war zu seiner früheren Politik der Unterstützung Serbiens zurückgekehrt. Und die Welt schien insgesamt wieder zur Tagesordnung übergegangen zu sein. Doch in Wien wurde konsequent weiter geplant und gearbeitet. Am 19. Juli wurde bei einer Sitzung der gemeinsamen Minister Österreich-Ungarns nach einer Anhörung Conrads schließlich der 23. Juli als Tag der Überreichung eines Ultimatums an Serbien festgelegt. Der serbischen Regierung sollten zur vollständigen Annahme nur 48 Stunden zugestanden werden. Jetzt war es soweit.

Die Übergabe der österreichischen Note wirkte wie ein Schock. Die europäischen Mächte kommentierten das Ereignis größtenteils mit Entsetzen und kritisierten den Inhalt der Note. Der britische Außenminister Sir Edward Grey etwa sprach vom „übelsten Schriftstück", das ihm jemals untergekommen sei, und auch andere Politiker hatten sich passende Worte überlegt, die sie der Nachwelt überliefert wissen wollten – Zeit genug hatten sie gehabt!

Belgrad wurde zum Hexenkessel. Ministerpräsident Pašić, der auf einer Wahlreise gewesen war, kehrte sofort in die Hauptstadt zurück, wo bereits heftige Diskussionen im Gange waren. Von den europäischen Mächten prasselten Ratschläge auf Serbien nieder, wobei Rumänien als einziges Land zur bedingungslosen Annahme des österreichischen Ultimatums geraten haben dürfte. Frankreich war der Ansicht, Serbien solle so viele Bedingungen annehmen, wie es seine Ehre zuließe, während Rußland an seiner Bereitschaft, die Serben zu unterstützen, keinen Zweifel ließ. Von den Großmächten zeigte einzig und allein Großbritannien Bereitschaft zu vermitteln. Doch es wurde eigentlich kein Vermittler gesucht.

Am 25. Juli lehnte Serbien in einer wenige Minuten vor dem Ablauf der 48-Stunden-Frist übergebenen Note die österreichischen Forderungen zwar nicht rundweg ab, doch wurde eine Reihe von Einschränkungen gemacht, die deutlich werden ließen, daß an eine Preisgabe der serbischen Souveränität, nur um

Österreich die Verfolgung der Hintermänner des Attentats auch auf serbischem Territorium zu ermöglichen, nicht gedacht war. Von einer bedingungslosen Annahme konnte daher keine Rede sein. Da dem österreichischen Gesandten in Belgrad kein Spielraum gelassen worden war und er nur die vollinhaltliche Annahme der österreichischen Demarche akzeptieren durfte, hatte er seiner Instruktion gemäß die Gesandtschaft zu verlassen, den Zug zu besteigen und auf diese Weise den Abbruch der diplomatischen Beziehungen deutlich zu machen. In Serbien hatte man schon Stunden vor der Überreichung der Antwortnote mit der Mobilmachung begonnen.

Trotz der serbischen Mobilmachung schien sich die österreichisch-ungarische Militärmaschinerie noch immer nicht zu rühren. Conrad soll es abgelehnt haben, vorbereitende Mobilmachungsmaßnahmen einzuleiten. Erst am Nachmittag des 23. Juli wurde den für einen Krieg mit Serbien vorgesehenen Armeekorps befohlen, alle Übungen abzubrechen und die Regimenter bis spätestens 25. Juli abends in ihren Friedensgarnisonen zu versammeln. Damit waren aber erst Vorbereitungen für eine Teilmobilisierung getroffen worden. Am 25. Juli wurde schließlich Erzherzog Friedrich, bis dahin Generaltruppeninspektor der k. u. k. Armee, zum Oberkommandanten der Balkanstreitkräfte ernannt. Am Abend unterschrieb der Kaiser die Weisung zur Mobilisierung für den Kriegsfall „B".

Das Zustandekommen der österreichisch-ungarischen Kriegserklärung kann freilich nur als ein recht fragwürdiges Stück Diplomatiegeschichte bezeichnet werden. Der Minister des Äußern, Graf Berchtold, legte Kaiser Franz Joseph eine Note vor, in der zu lesen war, serbische Truppen hätten bei Temes Kubin von Donaudampfern aus österreichische Truppen beschossen. Die Sache stimmte freilich nicht. Der Hinweis darauf, daß serbische Truppen ohne Kriegserklärung das Feuer eröffnet hatten, ließ sich jedoch vorzüglich dazu verwenden, Serbien als Aggressor erscheinen zu lassen, was auch im Hinblick auf die Haltung Italiens und Rumäniens von Bedeutung war. Darüber hinaus diente die Meldung von dem Gefecht, von dem nur wenige wußten, daß es nicht stattgefunden hatte, auch dazu, um innerhalb der Monarchie deutlich zu machen, daß Österreich-Ungarn einen Verteidigungskrieg begann. Doch eigentlich interessierte sich niemand wirklich dafür, weshalb jetzt Krieg sein sollte.

Am Nachmittag des 28. Juli wurde Belgrad die Kriegserklärung übermittelt. Da Österreich-Ungarn keine diplomatische Vertretung mehr in Serbien hatte, geschah dies telegrafisch und im Umweg über Rumänien. Die Kriegserklärung wurde von Rußland mit dem Befehl zur Teilmobilmachung beantwortet, worauf der deutsche Generalstabschef Helmuth Graf Moltke Conrad am 30. Juli dringend mahnte, sofort gegen Rußland mobil zu machen, was am folgenden Tag auch geschah.

Am 1. August erklärte das Deutsche Reich Rußland den Krieg; am 3. August folgte die Kriegserklärung an Frankreich. Am selben Tag kam es zum deutschen Einmarsch in das neutrale Belgien, was Großbritannien tags darauf veranlaßte, dem Deutschen Reich den Krieg zu erklären. Am 6. folgten schließlich die Kriegserklärungen Österreich-Ungarns an Rußland und jene Serbiens an das Deutsche Reich. Schließlich folgten noch die Kriegserklärungen Frankreichs und Großbritanniens, ja sogar Japans an die Habsburgermonarchie. Und wohl niemandem war es gegeben, zu ahnen, was vier Jahre später sein würde.

Für die k. u. k. Armeen begann der Krieg mit einem folgenschweren strategischen Irrtum. Da Conrad Tage hindurch gemeint hatte, der Krieg würde auf Serbien beschränkt bleiben, gelang es ihm nicht mehr, den Aufmarsch der k. u. k. Truppen zu stoppen und das Maximum der verfügbaren Truppen an die russische Front zu bringen. Bis es soweit war, vergingen Wochen. Mittlerweile aber hatte der Befehlshaber über die k. u. k. Truppen auf dem Balkan, Feldzeugmeister Potiorek, einen verlustreichen Rachefeldzug gegen Serbien begonnen.

Während an der serbischen Grenze bereits die ersten Geplänkel stattfanden und die Bereitstellung der Truppen für den Beginn der Offensive erfolgte, kam auch der Aufmarsch der k. u. k. Armeen gegenüber Rußland in Gang. 7000 Waggons rollten täglich in den Aufmarschraum, darunter auch jener

DIE ILLUSION

Zug, mit dem das höchste österreichisch-ungarische Kommando, das Armeeoberkommando (AOK) mit Erzherzog Friedrich und Conrad an der Spitze, nach Przemyśl gebracht werden sollte. Die bedeutendste Festung im Osten war von Conrad als Sitz des AOK ausgewählt worden, da sie sich nahe dem Kriegsschauplatz befand, eine sichere Unterbringung gewährleistete und vor allem auch jene Infrastruktur enthielt, die für die Führungsaufgaben des höchsten Kommandos unverzichtbar war.

Die Offensive der Österreicher gegen Serbien begann am 12. August 1914. Die k. u. k. 5. Armee erkämpfte sich, unterstützt von Teilen der 2. Armee, tapfer den Übergang über die Drina. Aufgrund des heißen Sommers waren die Soldaten bald müde und erschöpft, doch Potiorek hetzte sie ohne Rücksicht auf die taktische Situation nach vorn. Bis es nicht mehr ging. Schon am 19. August mußte der Rückzug eingeleitet werden. Fünf Tage später befanden sich die Balkanstreitkräfte wieder in ihren Ausgangsstellungen.

Die Verluste der österreichisch-ungarischen Truppen waren vom ersten Tag an sehr hoch. In nicht einmal zwei Wochen hatte die 5. Armee einen Verlust von 600 Offizieren und über 22.000 Mann an Toten, Verwundeten und Gefangenen zu verzeichnen gehabt. Die 6. Armee, die weiter südlich angreifen sollte, hatte infolge von Geländeschwierigkeiten erst am 20. August die Offensive aufnehmen können, wurde aber bald zum Stehen gebracht und mußte sich vier Tage später dem allgemeinen Rückzug anschließen.

Innerhalb kürzester Zeit löste sich also die Vorstellung vom Rachefeldzug in nichts auf, und es kam bereits jetzt zu einem schweren Zerwürfnis zwischen dem Kommando der Balkanstreitkräfte und dem AOK. Potiorek weigerte sich, die für den russischen Kriegsschauplatz bestimmte 2. Armee gemäß dem Befehl Conrads abziehen zu lassen, und beharrte darauf, daß er sie für seine Zwecke benötigen würde, um eine drohende Niederlage abzuwenden. Es gelang ihm, den Kaiser durch Vermittlung des Chefs der kaiserlichen Militärkanzlei, Bolfras, zur Unterzeichnung eines Befehlsschreibens zu überreden, gemäß dem er von nun an ein selbständiges Kommando führen konnte. Berchtold und der ungarische Ministerpräsident Tisza setzten sich ebenfalls für Potiorek ein und versuchten, den Verbleib der 2. Armee auf dem Balkan zu erwirken. Conrad war hin und her gerissen. Er wußte, daß er die 2. Armee für den russischen Kriegsschauplatz brauchte. Sie sollte am Südflügel der Front nördlich der rumänischen Grenze einrücken. Auf der anderen Seite konnte sich gerade Conrad nicht dem Argument verschließen, daß man mit Rücksicht auf Rumänen, Bulgaren und Türken einen Erfolg gegen die Serben brauchte. Im Falle eines Mißerfolgs war mit einer Kriegserklärung Rumäniens zu rechnen, das bei Kriegsbeginn neutral geblieben war. Bulgarien und die Türkei sollten hingegen nicht nur in das Lager der Mittelmächte gezogen werden, sondern es sollte auch eine Verbindung zu ihnen geben. Also blieb es beim Schwerpunkt auf dem Balkan. Doch Potiorek sollte eine zweite Offensive führen, auch diese war ein Fehlschlag, denn wieder war es der 5. Armee nicht möglich, die gesetzten Ziele zu erreichen. Ab dem 12. September häuften sich die Hiobsbotschaften. Potiorek reagierte mit Kommandoenthebungen und verhängte über seine eigenen Truppen das Standrecht. In den Saveniederungen blieben die Divisionen nach tagelangen Regenfällen im Morast stecken, und in den unwegsamen Gebirgszügen an der Grenze Bosniens wurden die Soldaten hin und her gehetzt und nach und nach von den Serben dezimiert. Dann herrschte plötzlich Munitionsmangel, und schließlich mußten sich die Truppen eingraben, um ihre Stellungen wenigstens notdürftig halten zu können. Ende September war auch die zweite Offensive auf dem Balkan definitiv gescheitert, aber noch hatte Potioreks Ansehen nicht nennenswert gelitten, da man in Wien eher Conrad als den Schuldigen ansah. Er habe für den Balkan zu wenig Vorsorge getroffen, hieß es.

Noch schien das freilich für den Verlauf des Krieges keine entscheidenden Auswirkungen zu haben. Im Westen siegten die deutschen Armeen und stießen weit nach Frankreich vor, und auch vom russischen Kriegsschauplatz kamen zunächst nur Siegesmeldungen. In der ursprünglichen Planung des

Kriegfalles „R" waren auf österreichisch-ungarischer Seite 40 Divisionen vorgesehen gewesen, die in vier Armeen ihre Einteilung finden sollten. Nun hatte Conrad statt 40 Divisionen zunächst nur rund 34 zur Verfügung, und das gegenüber 52 der Russen. In der operativen Planung war festgelegt, daß zwei Armeen des linken Flügels, die 1. und die 4. Armee, einen massiven Stoß nach Norden ausführen sollten, um in das nördlich von Galizien weit nach Westen reichende Russisch-Polen einzudringen. Da die Kräfte der Hauptarmee aber zu schwach waren, setzte Conrad seine Armeen nur andeutungsweise zum Stoß nach Norden an. Statt 30 Divisionen kamen mit der 1. und 4. Armee nur 18 zum Einsatz. Die 3. und die dann allmählich eintreffende 2. Armee sollten nach Osten vorgehen.

Am 23. August überschritt die k. u. k. 1. Armee unter General Viktor Freiherr von Dankl die Waldzone nördlich des San und begann ihren Vormarsch. Am folgenden Tag kam es bereits zum ersten Aufeinandertreffen mit den zaristischen Truppen, zur Schlacht von Kraśnik, die zu einem Erfolg der österreichisch-ungarischen 1. Armee gegenüber der russischen 4. Armee wurde. Zwar handelte es sich nicht gerade um einen spektakulären Sieg, aber er ließ sich recht gut verwenden, um die zuvor gemeldete Niederlage am Balkan in den Hintergrund treten zu lassen. Auch die k. u. k. 4. Armee kam planmäßig voran und errang bei Komarów einen Sieg über die russische 5. Armee. Die Folge war jedoch eine weitere Aufsplitterung der österreichischen Kräfte, obwohl eine größtmögliche Konzentration anzuempfehlen gewesen wäre. Die Angriffskraft der k. u. k. Armeen an der Nordfront erlahmte bereits am 30. August. Conrad schob die Schuld dem Ausbleiben der deutschen Unterstützung zu. Während die Schlacht bei Lemberg tobte, ersuchte er ein erstes Mal um deutsche Truppenhilfe. Zwei Korps sollten in Richtung Przemyśl in Bewegung gesetzt werden. Am 2. September erneuerte Erzherzog Friedrich dieses Ersuchen und telegrafierte diesbezüglich an den deutschen Kaiser. Auch das fruchtete nichts. Und schließlich führten die vergeblichen Bitten um deutsche Truppenunterstützung bei Deutschen wie Österreichern dazu, gegenseitige Abneigung entstehen zu lassen.

Bald schon befanden sich die österreichisch-ungarischen Truppen in Galizien auf dem Rückzug. Lemberg, die Hauptstadt Galiziens, mußte aufgegeben werden. Die Verluste stiegen dramatisch an. Das alles war zum wenigsten die Schuld der örtlichen Befehlshaber oder gar der Soldaten, die ihr Letztes gaben und mit einer ungeheuren Opfer- und Leidensbereitschaft kämpften. Vielleicht war die Friedensausbildung falsch gewesen; sicherlich waren die russischen Truppen bei einigen Waffengattungen überlegen, hatten mehr Geschütze und mehr Maschinengewehre. Doch auch in diesem Fall konnte man relativieren: Allen Prognosen zum Trotz zeigte sich, daß man erst am Beginn eines langen Kriegs stand.

3 Die Umstellung auf den langen Krieg

1914 ließ sich zunächst von keiner europäischen Macht sagen, daß ihre Industrie und Wirtschaft wirklich auf den Krieg eingestellt gewesen wären. Es hatte zwar Aufrüstungsschübe gegeben und einen forcierten Ausbau strategischer Eisenbahnlinien. Fast alle Staaten hatten auch Ausnahmeverfügungen für den Kriegsfall vorbereitet, die den Übergang zur Kriegswirtschaft sicherstellen sollten. Doch ob und wie das funktionieren würde, mußte sich erst im Laufe der Zeit herausstellen.

Der Kriegsausbruch hatte die Arbeiterschaft der Habsburgermonarchie ebenso mitgerissen wie den Großteil der übrigen Bevölkerung. Da gab es kaum Unterschiede zwischen den Arbeitern Böhmens, Mährens, Niederösterreichs oder Kroatiens, zwischen der organisierten und der nichtorganisierten Arbeiterschaft, zwischen Christlichsozialen oder Sozialdemokraten. Die nationale Begeisterung des Kriegsbeginns hatte auf alle übergegriffen, eine kaum zu übersehende Loyalität der meisten gegenüber ihrem Land sowie dem Monarchen ging damit Hand in Hand. Nirgends gab es Widerstände oder Proteste. Die innere Bereitschaft und das Fügen ins Unvermeidliche ließen die Durchführung fast aller Maßnahmen des Kriegsleistungsgesetzes zu, obwohl das weitgehende Eingriffe in das Leben von Millionen bedeutete.

Die Mobilmachung hatte auch ungeheure Auswirkungen auf den

Arbeitsmarkt. Zahlreiche Angestellte und Arbeiter verloren ihre Arbeitsplätze. Die Arbeitslosenzahlen sprangen in die Höhe. Es gab Massenentlassungen im Handel, weil der Export fast schlagartig aufhörte. Firmenzusammenbrüche waren die Folge und weitere Entlassungen. Nach einem rasanten Anstieg der Arbeitslosenrate von knapp fünf Prozent im Juli auf 18,3 bzw. 17,8 Prozent im August und September sank diese ebenso rasch wieder. Bei der Industrie betrug sie schon kurz darauf praktisch Null, und vor allem die Kriegsindustrie hatte bald mit einem Arbeitermangel zu kämpfen. Dies mag wohl auch auf den Umstand zurückzuführen gewesen sein, daß bei Kriegsbeginn sehr viele qualifizierte Arbeiter eingezogen worden waren. Für die Daheimgebliebenen gab es einen Arbeitszwang, und eine Arbeitszeit von 80 Stunden pro Woche war nichts Außergewöhnliches; bei Škoda sollen am Höhepunkt des Krieges Arbeiter auf bis zu 110 Wochenstunden gekommen sein, was einer täglichen Arbeitszeit von etwa 16 Stunden entspricht.

Die Umstellung der Wirtschaft der Doppelmonarchie vom Frieden auf den Krieg ging mit einem gleichzeitigen Verbot der Einfuhr, Ausfuhr und Durchfuhr bestimmter Waren – wie etwa Waffen, Munition, aber auch Tauben und noch vieles andere – einher. Diese Verbote waren bei Kriegsausbruch sukzessive in Kraft gesetzt worden, zunächst gegenüber Serbien und dann gegen Rußland und die Ententemächte. Damit brach fast schlagartig der Warenaustausch zusammen. Statt eines internationalen Handels mußte das allermeiste auf die Binnenwirtschaft reduziert werden.

Rohstoffe und Nahrungsmittel, die vor dem Krieg aus anderen Staaten bezogen worden waren, blieben aus, da natürlich auch die Gegner Ausfuhrverbote erteilten. Nur über neutrale Länder wie die Schweiz oder Italien konnten die dringend benötigten Waren besorgt werden. Die Folge waren Hamsterkäufe. Der willkürlichen Preisgestaltung bei Nahrungsmitteln sollte durch eine kaiserliche Verordnung vom 1. August 1914, die die Versorgung der Bevölkerung mit unentbehrlichen Bedarfsgütern sicherstellen sollte, ebenso Einhalt geboten werden wie durch Strafbestimmungen gegen Preistreiberei. Die erhoffte Wirkung blieb jedoch aus. Nahrungsmittel wurden in den folgenden Wochen und Monaten merklich knapper und teurer. Dies hatte eine Streckung der Vorräte, das Festsetzen von Höchstpreisen und andere Lenkungsmaßnahmen zur Folge.

Ein weiteres Problem verschärfte die Situation noch zusätzlich: Es verkehrten kaum mehr Züge im Hinterland, mit denen der Warentransport sichergestellt werden konnte. Als sich die Getreideknappheit im Oktober abzuzeichnen begann, wurde versucht, in Rumänien und Italien Getreide zuzukaufen – vergeblich. Denn diese Länder hatten ebenfalls bereits Ausfuhrverbote erlassen. Die Folge war, daß Brot und Getreideprodukte fast unerschwinglich wurden. Bereits im Dezember waren in Wien keine besseren Mehlsorten mehr erhältlich. Schon zuvor, am 10. Oktober 1914, hatte der Kaiser eine Ermächtigungsverordnung unterschrieben, gemäß der das k. k. Handelsministerium mehrere Vorschriften zur Streckung der Mehlvorräte erließ.

Doch auch bei den Rohstoffen machte sich bald ein eklatanter Mangel bemerkbar, der zu Beschlagnahmen seitens der Militärbehörden und zwangsweiser Aufbringung inländischer Rohstoffe führte. Im nachhinein war festzustellen, daß es besser gewesen wäre, dem Beispiel Deutschlands folgend, radikal durchzugreifen, statt die Maßnahmen zögernd, vorsichtig und schrittweise einzuführen.

Im industriellen Bereich lag das Schwergewicht vor allem auf der Erhaltung der Schlagkraft der Truppen. Viele Fabriken wurden vom Kriegsministerium in reine Rüstungsbetriebe umgewandelt: Böhler in Kapfenberg, Krupp in Berndorf, die Hirtenberger Patronenhülsen- und Metallwarenfabrik sind nur einige Beispiele dafür. 1915 belief sich die Zahl der Heereslieferanten bereits auf nicht weniger als 70 große Konzerne und Unternehmen. Die Militarisierung der Betriebe hatte also rasch Wirkung gezeigt. Ebenso rasch stieg die Produktion bei Gewehren, Maschinengewehren, Geschützen, Munition und Flugzeugen an, vor allem auch und bedingt durch die Großzügigkeit des Ärars im Umgang mit Finanzmitteln. Denn der Wille, den Krieg nicht zu verlieren, beherrschte alle gleichmäßig: Offiziere, Soldaten und Arbeiter. Und wo ihre Kraft und ihre Leistungen nicht mehr ausreichten, wurde nach Ersatz gesucht und vornehmlich in den Frauen gefunden. Der Krieg hatte auch für das Hinterland begonnen.

DER BALKANKRIEGSSCHAUPLATZ
(August bis Dezember 1914)

RUMÄNIEN

BULGARIEN

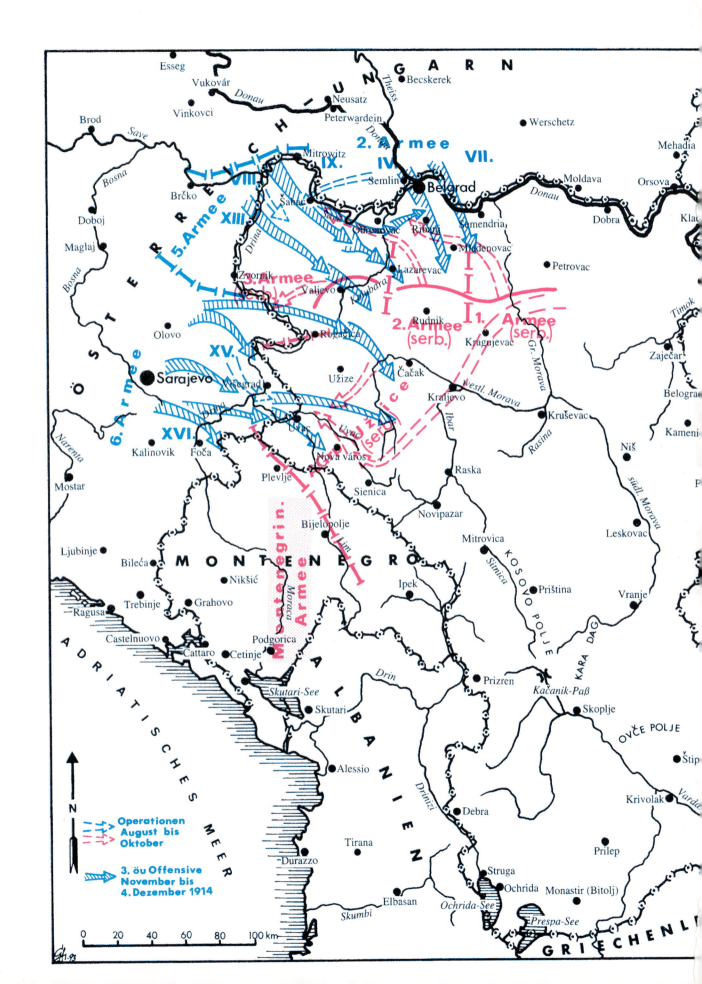

4 Das Ende der Euphorie

Es ist schwer zu sagen, wann die Euphorie des Kriegsausbruchs und der ersten Kriegswochen ihr Ende fand. Die anfänglichen Siegesmeldungen konservierten die zuversichtliche, ja überschäumende Stimmung, während Rückschläge zunächst verdrängt wurden. Gerüchte nährten zunächst die Hoffnung. Dann kam Beharrungs- und Durchhaltestimmung auf. Das Problem war, daß man abseits der Kriegsschauplätze nur unzulänglich informiert war. Der Minister des Äußern Graf Berchtold, der österreichische Ministerpräsident Karl Graf Stürgkh, die Militärkanzlei des Kaisers, aber auch der ungarische Ministerpräsident István Graf Tisza verlangten nachdrücklichst, daß die Presse mit zutreffenden Nachrichten von den Kriegsschauplätzen versorgt werden solle. Doch das entsprach keinesfalls den Wünschen des Generalstabschefs und des AOK, deren Maxime die restriktive Informationspolitik war. Täglich ein Heeresbericht, der oft mehr verschwieg und verklausulierte, als daß er informierte, sollte genug sein. Man konnte freilich auch so einiges erfahren.

Nach dem Fall Lembergs am 2. September war man sich im AOK bald über den Schuldigen einig: Die 3. Armee hatte durch ihren kampflosen Rückzug diese Situation herbeigeführt. Westlich von Lemberg kam es zur nächsten Schlacht mit den Russen, wo zum ersten Mal spürbar wurde, daß nur mehr das Chaos regierte. Conrad versuchte zu retten, was noch zu retten war, warf seine 4. Armee herum und wollte durch eine rasche Verschiebung von Großverbänden die zahlenmäßige Unterlegenheit ausgleichen und die Krise im Osten meistern. Es folgte die zweite Schlacht von Lemberg, doch das russische Vordringen konnte dadurch nur verlangsamt werden. Die Verbände der 3. Armee wurden dezimiert und waren schließlich nur mehr halb so stark wie die angreifenden Russen der 8. Armee. Am 5. September wurde der Kommandant der 3. Armee abgelöst. General Brudermann hatte sich über Aufforderung Erzherzog Friedrichs krank zu melden. Der gegen ihn gerichtete Vorwurf bezog sich allerdings nicht auf den Rückzug, sondern auf die zu geringe Einflußnahme auf seine Korpskommandanten, seine Nachsicht und seine Langsamkeit. Doch nicht nur die Armeespitze wurde ausgetauscht. Es gab auch ein großes Köpferollen bei den Kommandanten der Korps, Divisionen und Brigaden. Dann traf endlich die vom Balkan abgezogene 2. Armee, die sogenannte „C-Staffel", ein.

Mittlerweile drückten die Russen auch vom Norden gegen die österreichisch-ungarischen Linien und führten neue Truppen heran. Dort, wo General Dankl zunächst bei Komarów erfolgreich gewesen war, setzten die russische 4. und 5. Armee nun zum Gegenstoß an. Am 11. September sah sich das AOK gezwungen, den Befehl zum allgemeinen Rückzug hinter den San zu geben. Przemyśl mußte der Einschließung durch die Russen preisgegeben werden. Mit Ausnahme der k. u. k. 1. Armee, die am Gegner blieb, lösten sich die anderen vom Feind und gingen hinter den San und in das Karpatenvorland zurück. Sie mußten aufgefrischt werden, um die schweren Verluste an Toten, Verwundeten und Gefallenen auszugleichen. Fast noch mehr fiel der Verlust an Geschützen ins Gewicht. Die Russen aber nützten diese Situation nicht aus, sondern sahen im Rückzug der Österreicher eine willkommene Operationspause.

Es war jedoch nicht nur im Osten zur Krise der Mittelmächte gekommen; dasselbe galt auch für den westlichen Kriegsschauplatz. Dort waren fünf deutsche Armeen durch Belgien und Nordfrankreich vorgestürmt und hatten zwischen dem 18. August und dem 5. September die französischen und britischen Armeen an die Marne zurückgeworfen. Die einzige Hilfe, die ihnen österreichisch-ungarischerseits gegeben worden war, bestand in der Verlegung schwerer Geschütze, der berühmten 30,5-cm-Mörser. Französische Offensiven nach Elsaß und Lothringen waren abgewehrt worden, doch für einen Vorstoß nach Paris und eine noch weiter nach Westen ausholende Umfassung der französischen Hauptstadt fehlten dem deutschen Westheer die Kräfte. Noch dazu waren Ende August Truppen abgezogen worden, um den Russen in Ostpreußen entgegengeworfen zu werden. Angesichts dieser äußerst kritischen Situation brachen die deutsche 1. und die

DIE ILLUSION

2. Armee die Schlacht an der Marne ab. Die Niederwerfung Frankreichs war gescheitert. Das deutsche Westheer wurde zum Rückzug und zum Eingraben gezwungen.

Der deutsche Generalstabschef Moltke wurde von General Erich von Falkenhayn abgelöst, der sich einer Verlagerung des deutschen Schwergewichts nach Polen durchaus aufgeschlossen zeigte. Die Vorschläge Berlins, Österreich-Ungarn sollte doch gegenüber Rumänien und Italien umfangreiche territoriale Zugeständnisse machen und auf diese Weise den Dreibund endlich voll zum Funktionieren zu bringen, führte aber zu einer ersten ernsthaften Verstimmung der Bündnispartner. Conrad ließ Berchtold wissen, daß das Unvermögen Deutschlands, seine Vorkriegszusagen einzulösen und Frankreich tatsächlich in kürzester Zeit zu besiegen, schuld daran sei, daß die Doppelmonarchie in Galizien eine Schlappe erlitten hatte. Berchtold schien auf einen derartigen Anstoß nur gewartet zu haben und ließ durch den österreichischen Botschafter in Berlin, Prinz Gottfried zu Hohenlohe-Schillingsfürst, ausrichten, daß das Deutsche Reich die Verantwortung für die Niederlage im Osten trage. Spätestens ab diesem Zeitpunkt begann Österreich-Ungarn einen Kampf um seine Selbstbehauptung gegenüber dem Deutschen Reich und zwang damit auch das Deutsche Reich, seine Position und Haltung gegenüber der Donaumonarchie neu zu überdenken.

Zunächst aber einigten sich die Generalstäbe darauf, ihre Operationen auf dem russischen Kriegsschauplatz besser aufeinander abzustimmen. Die k. u. k. 1. und 4. Armee sollten abermals nach Norden vordringen und den Deutschen entgegenoperieren, während die 3. Armee wieder über den San vorrücken sollte. Im Zusammenwirken mit der neugebildeten deutschen 9. Armee unter General Hindenburg, die aus Schlesien in Richtung Warschau anzugreifen hatte, wurde zumindest ein Zurückdrängen der Russen auf Weichsel und San angestrebt. Die k. u. k. 2. Armee sollte von den Karpaten in Richtung Przemyśl operieren.

Den Russen blieb also nicht viel Zeit, um Przemyśl zu erobern. Der Befehlshaber der vor der Festung liegenden russischen 8. Armee, General Brusilov, täuschte sich aber über die Stärke der Besatzung. Denn durch den weiteren Personalzuschub und durch das Zurückbleiben von Fronttruppen war die Besatzung zum einen rund 130.000 Mann stark geworden, und zum anderen war die Festungsartillerie der Belagerungsartillerie zahlen- und auch qualitätsmäßig um einiges überlegen. Brusilov versuchte es mit Bluff und forderte den Kommandanten, General Kusmanek, zur Übergabe auf. Sie wurde höflichst abgelehnt.

Zwischen 7. und 12. Oktober gelang es der k. u. k. 3. Armee des Generals Svetozar Boroević, der nachmals als „Löwe vom Isonzo" bekannt wurde, Przemyśl zu entsetzen. Bald trafen auch die 4. und 2. Armee in der Nähe der Festung ein. Die Offensive brachte aber dennoch nicht den erhofften Erfolg, da die Russen am San heftigen Widerstand leisteten und die 3. Armee nicht aus dem Festungsbereich hinauskam. Auch die 1. Armee erlitt bei ihrem Vorstoß über die Weichsel in der Schlacht von Ivangorod schwere Verluste. Zu den großen Verlusten gesellten sich auch Epidemien. Cholera und Ruhr griffen um sich. Die Gefahr einer Ausbreitung war enorm und ließ sich nur schwer bannen. Es waren aber nicht nur die Kriegstoten, die Verwundeten und jetzt auch die Kranken, die das Bild des galizischen Kriegsschauplatzes prägten, sondern auch die Hingerichteten. Aus Furcht vor Spionage und angesichts einer Bevölkerung, die sehr wohl russophile Elemente hatte, war es zur Selbstverständlichkeit geworden, Verdächtige ebenso wie Schuldige gnadenlos hinzurichten. Darin unterschieden sich freilich die Kommandanten und Militärbehörden in Galizien in nichts von jenen auf dem Balkan, nur daß dort noch Geiseln ausgehoben und häufig getötet wurden. Und so standen oft Dutzende Galgen nebeneinander und hing beispielsweise auf dem Rynek von Grodek an jedem Baum ein Mensch. Der Dichter Georg Trakl hat's gesehen – und verlor vollends den Verstand.

Die k. u. k. Truppen waren erneut beim direkten Angriff nach Osten gescheitert. Nun wurden deutsche Truppen zu Hilfe geschickt und kamen gerade im richtigen Augenblick, da die Russen bereits dazu ansetzten, nach Schlesien vorzustoßen und dabei die

DAS ENDE DER EUPHORIE

österreichisch-ungarische Front im Norden zu überflügeln. Die deutsche 9. Armee wurde nördlich der k. u. k. 1. Armee eingeschoben und sollte den nach Westen vordringenden Russen in die Flanke fallen. In diesem Zusammenhang tauchten auch zum ersten Mal Überlegungen über die Bildung eines gemeinsamen Oberkommandos auf, wobei ernsthaft in Betracht gezogen wurde, die Führung deutschen Generälen zu übertragen. Conrad wäre damit fast schlagartig ohne wirklichen Einfluß auf die Operationsführung gewesen. Es wäre einer De-facto-Entmachtung des Generalstabschefs und des von ihm dominierten AOK gleichgekommen, wobei auch der Kaiser kurzfristig die Ablösung Conrads überlegt haben dürfte. Doch am 6. November wurde die Sache vorläufig ad acta gelegt, da Kaiser Franz Joseph in einem Telegramm an Erzherzog Friedrich und General Conrad diesen das Allerhöchste Vertrauen aussprach und den Gedanken an die Schaffung eines gemeinsamen Oberkommandos fallen ließ. Damit ging auch die Führungskrise zu Ende, und die Frage eines gemeinsamen Oberkommandos sollte erst 1916 wieder aktuell werden.

Vom 16. bis 20. November tobte die Schlacht von Krakau und Czenstochau, die nur insofern ein Erfolg für die k. u. k. Truppen wurde, als der russische Vormarsch aufgehalten werden konnte. Doch nördlich davon setzten die Russen ihren Vorstoß nach Westen fort. Die k. u. k. 3. Armee, die westlich von Przemyśl schwere Verluste erlitten hatte, mußte zurückgehen und die abermals eingeschlossene Festung weit zurücklassen. Die Russen standen in den Karpaten und bedrohten die Zugänge nach Ungarn. Ministerpräsident Tisza verlangte von dem nach Teschen übersiedelten AOK Sofortmaßnahmen, um Ungarn zu schützen. Und Conrad sah sich gezwungen, alles auf eine Karte zu setzen. Eine eigens aufgestellte Armeegruppe Roth wurde bis an die Beskiden geführt und begann am 1. Dezember mit einer für die russische 3. Armee völlig überraschenden Operation bei Limanowa, in der die Russen nach Norden bis Lapanów zurückgeworfen wurden. Mit seiner Disposition zu dieser Schlacht hatte Conrad einen eindrucksvollen Beweis seiner operativen Fähigkeiten erbracht. Seine Position war endgültig gefestigt.

Die Verfolgung der russischen 3. und 8. Armee ging noch einige Tage weiter, wobei es den k. u. k. Truppen gelang, sie bis in den Raum Tarnów zurückzuwerfen. Die 4. Armee kam dabei bis an den Dunajec. Die 3. Armee wurde zwar wieder auf die Karpaten zurückgedrängt, doch der russische Einbruch nach Schlesien und Ungarn war verhindert worden. Damit verloren auch die in Rußland, Frankreich und Serbien angestellten Überlegungen zur Aufteilung der Monarchie an Aktualität. – Doch nicht überall konnte man sagen, daß die Krise bewältigt war.

In Serbien war die Front Ende September zum Stillstand gekommen. Die Erfolge der österreichisch-ungarischen Truppen waren auch in der zweiten Offensive sehr gering geblieben, und die Verluste waren außergewöhnlich hoch. Seit Mitte Oktober regnete es, auf den Bergen fiel Schnee. Doch am 31. Oktober traten die k. u. k. Truppen nochmals an. Die 5. und die 6. Armee sowie die in Syrmien aus verbliebenen Teilen der 2. Armee und neu zugeführten Truppen gebildete Armeegruppe Krauß durchbrachen in mehrtägigen heftigen Kämpfen Anfang November die serbische Front. Die Truppen erreichten schließlich den Ljig, wo vom 26. bis 28. November eine neuerliche Schlacht entbrannte. Die Serben wurden zum Rückzug auf Kragujevac gezwungen. Doch damit waren die österreichisch-ungarischen Truppen an die Grenzen ihrer Leistungsfähigkeit gelangt. Sie waren ausgebrannt, hatten keine Munition mehr und konnten sich und ihre Waffen kaum noch schleppen. Feldzeugmeister Potiorek wollte dies alles nicht wahrhaben, denn er jagte einem Prestigeziel nach, der Besetzung Belgrads. Sie erfolgte kampflos am 2. Dezember 1914. Erst jetzt gönnte er seinen Truppen einige Tage Ruhe. Doch plötzlich erfolgte ein serbischer Großangriff. Die Serben griffen mit 200.000 Mann die auf 80.000 Mann herabgesunkenen k. u. k. Armeen an. Zuerst mußte das XVI. Korps zurückweichen. Dann brach die ganze Front zusammen. Am 15. Dezember wurde Belgrad wieder geräumt, und schließlich befanden sich die k. u. k. Truppen da, wo sie auch im August gestanden waren, auf österreichisch-ungarischem Boden.

DIE ILLUSION

Die Meldung von der totalen Niederlage der Balkanstreitkräfte war ein Schock, da statt des erwarteten planmäßigen Triumphs plötzlich eine Katastrophe drohte. Potiorek wurde unverzüglich abgelöst und in den Ruhestand versetzt. Von den sechs Armeekommandanten der k. u. k. Streitkräfte waren damit seit Kriegsbeginn vier enthoben worden. Statt Potiorek übernahm Erzherzog Eugen das Kommando über die Balkanstreitkräfte.

Ende 1914 war es Zeit, Bilanz zu ziehen, und das Resultat war ernüchternd und erschütternd zugleich, und im nachhinein läßt sich sagen, daß die ungeheuren Verluste des Jahres 1914 nie wieder ausgeglichen werden konnten. Von Kriegsbeginn bis Jahresende 1914 waren 189.000 Offiziere und Soldaten gefallen, über 490.000 verwundet worden, und an die 278.000 waren kriegsgefangen oder vermißt. Zusammen war das rund eine Million. Wenn man nur die unersetzbaren Verluste nimmt und jene, die zu Invaliden und für immer kampfunfähig geworden waren, dazuzählt, ist der enorme Aderlaß deutlich abzulesen. Von der alten Armee war nicht mehr viel vorhanden. Die Habsburgerarmee war, so ein sehr pointiertes Urteil, schon 1915 zu einer Art „Miliz" geworden, bei der die Führung von den Berufssoldaten immer mehr auf „Zivilisten in Uniform" überging. Dem ist eigentlich nichts mehr hinzuzufügen.

5   Der erste Kriegswinter

Der Jahreswechsel 1914/1915 bedeutete für viele eine Zeit des Hoffens und Bangens, vor allem aber für die Besatzung der seit 6. November erneut von den Russen eingeschlossenen Festung Przemyśl. Bereits Anfang Dezember mußte man in der Festung zur Kenntnis nehmen, daß das Fleisch knapp wurde. Die Rationen wurden verkleinert und die ersten Pferde geschlachtet. Die österreichisch-ungarischen Truppen, die zum Entsatz hereneilen sollten, saßen in den Karpaten fest, und nachdem am 18. Dezember ein Ausbruchsversuch gescheitert war, schwand die Hoffnung. Zu Weihnachten herrschte für kurze Zeit Friede. Die Russen übermittelten Weihnachtswünsche, worauf die k. u. k. Soldaten im Niemandsland Rauchzeug und Schnaps hinterlegten. Die Russen revanchierten sich ihrerseits mit frischem Brot und Fleisch.

Conrad von Hötzendorf, der sich vor dem Krieg vehement gegen einen weiteren Ausbau der San-Festung gewendet hatte, verfolgte nun mit zunehmender Besorgnis die Ereignisse in Przemyśl. Vor allem fürchtete er den politischen wie psychologischen Effekt einer Preisgabe. Daher lag das Schwergewicht der nächsten Operationen auf einem Entsatz der Festung, koste es, was es wolle.

Die Russen hatten ihrerseits am 21. Dezember 1914 eine Offensive begonnen, die die 3. k. u. k. Armee in die Karpaten und stellenweise auch über den Kamm derselben zurückdrängte. In den britischen und französischen Zeitungen konnte man lesen, daß es nur mehr eine Frage von Wochen sei, ehe der Zusammenbruch der österreichisch-ungarischen Front erfolgen mußte. Spätestens im Juni 1915 würden die Russen in Budapest sein. Dieser Rückschlag nach Wochen einer erfolgreichen Bündniskriegführung der Mittelmächte ließ die Kritik am deutschen Verbündeten wieder lauter werden. Seit Kriegsbeginn war evident, daß die Russen den größeren Teil ihrer Truppen im Südabschnitt gegen die k. u. k. Armeen einsetzten, was eine beträchtliche zahlenmäßige Überlegenheit der Russen bedeutete. Im Dezember war schließlich die k. u. k. 2. Armee weit nach Norden gezogen worden und deckte Preußisch-Schlesien. Wo aber blieb die deutsche Unterstützung? Außer sicherlich berechtigter Kritik bekamen das AOK und die Armeekommandanten aber vorderhand nur tröstliche Worte und viel Unsachliches präsentiert.

Am 19. Dezember hatten sich Falkenhayn und Conrad am Bahnhof in Oppeln getroffen, und der deutsche Generalstabschef hatte Conrad anvertraut, daß er im Februar 1915 in Frankreich eine neue Offensive beginnen wollte. Er erteilte damit der Conrad'schen Konzeption, einen vernichtenden, kriegsentscheidenden Schlag gegen Rußland zu führen, eine Absage und war auch zu keinem Kompromiß bereit. Vielmehr wollte er an der Weichsel eine „Chinesische Mauer" bilden. Conrad suchte nach Argumenten, um bei Falkenhayn doch noch einen Meinungsumschwung herbeizuführen, und erklärte sich sogar bereit, für den Fall einer deutschen Truppenverstärkung dem deutschen Wunsch nach einer begrenzten Offensive gegen Nordostserbien nachzukommen, um den Donauweg zum Schwarzen Meer zu öffnen und den Türken auf diese Weise die dringend benötigten Rüstungsgüter zukommen zu lassen. Wie er dies tun wollte, verriet er allerdings nicht, zumal er wenig später drei Divisionen vom serbischen Kriegsschauplatz nach dem Norden zu verschieben begann und auch den Abtransport des in Syrmien eingesetzten XIII. Korps anregte.

Falkenhayn zögerte jedoch weiterhin, die Offensive im Osten wieder aufzunehmen, während der Oberbefehlshaber „Ost", Paul von Hindenburg, und sein Generalstabschef, General Erich Ludendorff, eher dem Plan Conrads für eine Offensive aus den Karpaten zugeneigt schienen und ersterer ohne Rücksprache mit Falkenhayn eine Verstärkung der österreichisch-ungarischen Truppen anbot. Am 8. Jänner 1915 stimmte auch der deutsche Kaiser der Verlegung deutscher Truppen in die Karpaten zu. Es sollte zur Aufstellung einer deutsch-österreichischen „Südarmee", der Armee Linsingen kommen, die schließlich aus drei deutschen und zwei k. u. k. Infanteriedivisionen sowie einer deutschen und einer k. u. k. Kavalleriedivision bestand. Jetzt nahm der Winterkrieg in den Karpaten seinen Anfang. Am 23. Jänner 1915 begann die Offensive. Gleichzeitig mit dem Beginn der Offensive wollte Hindenburg in Ostpreußen angreifen. Das Oberkommando Ost wollte zu einer großen Zangenoperation ansetzen: Österreicher und Deutsche aus dem Süden und Deutsche aus dem Norden. Zunächst herrschte große Zuversicht, doch bereits zwei Wochen später war evident geworden, daß die Karpatenoffensive ein Mißerfolg war. Sie mußte es sein!

Der Angriff war bereits mit sehr schwachen Mannschaftsständen begonnen worden. Die k. u. k. Truppen verfügten nur über 175.000 Mann Infanterie mit etwa 1000 Geschützen. Doch die Russen waren nicht die einzigen Feinde, gegen die man zu kämpfen hatte. Väterchen Frost trug das Seine zum Scheitern bei. Die Korps und Divisionen wurden durch Schnee und Eis vorwärtsgetrieben, immer das Ziel Przemyśl vor Augen – bis zur totalen Erschöpfung.

Der ersten folgte die zweite Karpatenschlacht. Jetzt war das Wetter wieder in das andere Extrem umgeschlagen. Am 8. Februar setzte Tauwetter ein, die Straßen wurden fast unpassierbar, und nur mehr Tragtiere konnten den notwendigsten Nachschub transportieren. Dann fielen wieder große Mengen von Schnee. Und die Offensive begann. Am 27. Februar stießen die österreichisch-ungarischen Truppen vor. Wieder erlitten die Russen einige Verluste, doch schon nach wenigen Tagen begann General Brusilovs 8. Armee mit Gegenangriffen. Die Russen hatten genug Kräfte, um ihre Truppen in der Front immer wieder abzulösen und durch ausgeruhte Soldaten in trockenen Kleidern zu ersetzen. Letztlich gelang es ihnen, weit in das Hinterland und damit nach Ungarn einzudringen. Doch Conrad gab noch immer nicht auf. Mitte März sollte noch ein dritter Versuch gemacht werden, der fast schon eine Verzweiflungstat war. Die Verluste stiegen enorm an, und die Kämpfe forderten ein Vielfaches an Toten, Verwundeten und Kranken, als die Besatzung von Przemyśl insgesamt ausmachte. Alles zusammen lagen die Ausfälle bei 640.000 Mann, davon 240.000 Tote, Vermißte und Gefangene. Es war zu Massendesertionen gekommen, wobei jene bei einigen tschechischen Regimentern besonders auffielen. Doch Przemyśl konnte nicht mehr gerettet werden.

Das Festungskommando bestimmte den 22. März als Tag der Kapitulation, nachdem ein letzter Ausbruchsversuch, den der Festungskommandant, General Kusmanek, noch versucht hatte, von den Russen blutig vereitelt worden war. Morgens um fünf begann die Sprengung der Geschütze. Eine halbe Stunde später wurden die Minen und geballten Ladungen in den Werken gezündet. Gleichzeitig zerschlugen die Soldaten ihre Gewehre, zerbrachen ihre Säbel, warfen die Patronen in den San. Pferde wurden erschossen, Zaum- und Sattelzeug zerschnitten. Rund 120.000 Mann gingen in russische Gefangenschaft.

Die Auswirkungen der Katastrophe waren beträchtlich. Österreicher und Deutsche wiesen einan-

DIE ILLUSION

der gegenseitig die Schuld zu, und es kam zu heftigen Differenzen bezüglich der Führung der Operationen, die in einer bleibenden Antipathie münden sollte. Mißtrauen auf beiden Seiten und die Herabminderung der Fähigkeiten des anderen konnten wohl kaum die geeignete Basis für eine erfolgreiche Bündniskriegführung sein. Deutschland versuchte, die gescheiterten Offensiven dazu zu nützen, um Wien zu Zugeständnissen an Italien zu bewegen – vergeblich allerdings. Ab Mitte Februar begann sich daraufhin im Deutschen Auswärtigen Amt Resignation breitzumachen, und es wurde erwogen, Österreich-Ungarn fallenzulassen. Reichskanzler Bethmann Hollweg griff bereits in der Julikrise angestellte Überlegungen, die Habsburgermonarchie zwischen Deutschland und Rußland aufzuteilen, wieder auf, ließ seinen Plan jedoch bald fallen, da er dadurch nur neue Probleme fürchtete. Statt dessen kam es etwas überraschend zu einer Einigung der beiden Generalstabschefs über eine gemeinsame Offensive in Galizien. Ja Falkenhayn stellte sogar wesentlich mehr deutsche Truppen zur Verfügung, als Conrad erbeten hatte. Allerdings sollten die Truppen der Verbündeten im Angriffsraum zwischen Tarnów und Gorlice unter dem Kommando des deutschen Generals Mackensen stehen.

Ab dem 21. April rollten die deutschen Verbände nach Galizien und in ihre Bereitstellungsräume. Ehe die Offensive begann, mußte man sich noch über die Zielsetzung einigen. Denn während Conrad die Einnahme Lembergs forderte, gab sich Falkenhayn vorsichtiger, zumal er auch nicht an eine endgültige Entscheidung in Rußland glaubte. So setzte man sich mit der Befreiung des Gebiets bis zum San ein relativ bescheidenes Ziel. Trotz aller Bemühungen, die Bewegungen geheimzuhalten, waren die Russen bestens informiert und wußten auch über den Tag des Angriffsbeginns, den 2. Mai, Bescheid. Es sollte ihnen nicht helfen.

Am Tag des Angriffs stieß die deutsche 11. Armee zusammen mit dem k. u. k. VI. Korps auf eine schwache Stelle der russischen Front. Die Offensive war damit eingeleitet worden, daß ein vierstündiges Trommelfeuer nach einem genauen Feuerplan einsetzte. Schon der erste Tag brachte einen unerwartet großen Erfolg: gewaltige Zahlen an Gefangenen und schließlich einen Durchbruch, der sich von Tag zu Tag ausweitete. Der Erfolg war so groß, daß sogar Falkenhayn mitgerissen wurde und den Antransport weiterer deutscher Divisionen befürwortete. Die Schlacht von Tarnów-Gorlice brachte einen kompletten Umschwung.

Am 3. Juni zogen bayerische Truppen in Przemyśl ein, und der Oberbefehlshaber der Heeresgruppe, Mackensen, ließ es sich nicht nehmen, die wiedereroberte Festung Kaiser Franz Joseph „zu Füßen zu legen". Dann ging es weiter.

Durch diesen eindrucksvollen Erfolg der Mittelmächte gelang es nicht nur, die russische „Dampfwalze" zum Stehen zu bringen, sondern auch Rumänien von einem Kriegseintritt auf Seite der Gegner der Mittelmächte abzuhalten. Anders Italien. Hier waren die Würfel schon vor der Offensive gefallen, und Italien war auch nicht mehr bereit, seinen Entschluß zu revidieren.

**Bild rechts:
Kroatischer Landsturm beim Eisenbahntransport nach Galizien, Sommer 1914. In Österreich-Ungarn ließen sich bei Kriegsbeginn rund zwei Millionen Mann mobil machen. Sie gehörten zum gemeinsamen kaiserlichen und königlichen (k. u. k.) Heer, der kaiserlich-königlichen (k. k.) Landwehr und der königlich ungarischen (k. u.) Honvéd. Um die Truppen auf den vollen Stand zu bringen, wurden mit dem Landsturm auch die älteren Jahrgänge aufgeboten. Menschen schien es 1914 genug zu geben.**

Die Ermordung des österreichisch-ungarischen Thronfolgers Erzherzog Franz Ferdinand und seiner Frau Sophie in Sarajevo am 28. Juni 1914 wird als auslösend für den Ersten Weltkrieg gesehen. Eigentlich setzte dieser Mord aber nur eine politische Krise in Gang, die dann dazu verwendet wurde, um den Krieg zu entfesseln. Der Krieg war erwartet worden, alle hatten sich darauf vorbereitet, nicht zuletzt auch Österreich-Ungarn.

Franz Ferdinand war zu Manövern nach Bosnien gefahren und hatte die dortigen Truppen inspiziert. Links oben: Der Erzherzog im Gespräch mit dem Landesbefehlshaber von Bosnien-Herzegowina,

Feldzeugmeister Oskar Potiorek; neben ihm der Chef des Generalstabes der österreichisch-ungarischen Armee, General der Infanterie Franz Conrad von Hötzendorf. Bei dem an die Manöver anschlie-ßenden Besuch in Sarajevo kam es zu zwei Attentaten. Links unten: Das Thronfolgerpaar am Beginn seiner Fahrt durch Sarajevo. Nach dem Doppelmord, als die diplomatische Aktion schon angelaufen war, wurden die Särge des ermordeten Thronfolgerpaares nach Triest und schließlich nach Wien und von dort nach Artstetten überführt. Rechts: Die Aufbahrung in Triest.

An der Stelle, wo am 28. Juni 1914 in Sarajevo das Attentat auf Erzherzog Franz Ferdinand und seine Frau Sophie erfolgte, wurde kurz darauf mit der Errichtung eines Denkmals begonnen (links). Nach dem Ersten Weltkrieg wurde es zerstört. Doch die Erinnerung hatte sich schon längst andere Plätze gesucht.

Am 30. Juli 1914, nachdem er noch in Bad Ischl die Kriegserklärung unterschrieben hatte, kehrte Kaiser Franz Joseph in Begleitung des neuen Thronfolgers, Erzherzog Karl Franz Joseph, nach Schloß Schönbrunn zurück, wo er vom Wiener Bürgermeister Richard Weiskirchner begrüßt wurde (oben). Währenddessen strömten die Reservisten, Beurlaubten und alle jene in die Kasernen Österreich-Ungarns, die den Aufruf des Kaisers „An Meine Völker" gelesen und auf sich bezogen hatten (rechts unten).

Noch vor dem Abbruch der diplomatischen Beziehungen am 28. Juli 1914 hatte im Königreich Serbien die Mobilmachung begonnen. Für die Serben war es der dritte Krieg innerhalb von drei Jahren.

Rechts oben: Serbische Batterie auf den Marsch an die Front. Für die k. u. k. Armee wurde spätestens Anfang August 1914 klar, daß sie es nicht nur mit Serbien zu tun haben würde,

sondern vor allem mit Rußland. Der Großteil der Truppen wurde daher auf den östlichen Kriegsschauplatz verlegt, und Galizien glich kurz darauf einem Heerlager. Die Einwaggonierung der für den

russischen Kriegsschauplatz bestimmten vier k. u. k. Armeen dauerte Wochen. Da hieß es geduldig warten (rechts unten). Um vom Krieg auch berichten zu können, wurde beim k. u. k. Armeeoberkommando ein Kriegspressequartier eingerichtet. Links unten: Ungarische Journalisten auf der Fahrt nach Galizien. Der Geburtstag Kaiser Franz Josephs, der 18. August 1914, bot eine willkommene Gelegenheit, den Eid zu erneuern. Links oben: Eidesleistung am 18. August 1914 in Dukla: „...mit Ehre zu leben und zu sterben. So wahr uns Gott helfe. Amen!"

Obwohl die wenigsten mit einem langen Krieg gerechnet hatten, glaubte man anfänglich, unendlich viel Zeit zu haben. Man schien immer auf etwas zu warten. Rechts: Reservisten, die in Österreich-Ungarn zuständig waren, warten auf dem Schlesischen Bahnhof in Berlin auf einen Zug nach Hause. Zum Warten kam das Zeremoniell, so die Feldmessen, von denen auch unzählige gelesen wurden.

Links oben: Feldmesse in Hranischau am 18. August 1914. Das k. u. k. Armeeoberkommando aber überarbeitete ein letztes Mal die Operationspläne und richtete sich in der größten österreichisch-ungarischen Festung, Przemyśl, ein. Links unten: Offiziere des k. u. k. Armeeoberkommandos am 12. September 1914. In der Mitte links der Armeeoberkommandant General der Infanterie Erzherzog Friedrich; rechts der Chef des Generalstabes General der Infanterie Franz Freiherr Conrad von Hötzendorf.

Der Feldzug gegen Serbien begann am 12. August 1914 in glühender Hitze. Zwei k. u. k. Armeen kämpften sich über Gebirgszüge und durch bebaute Felder nach Serbien vor, wurden aber schon nach zwei Wochen zurückgeworfen. Am 8. September 1914 begann die zweite Offensive. Auch sie endete für die k. u. k. Truppen mit einem Fiasko. Die Verluste stiegen rapid an, und die Soldaten,

DIE OSTFRONT 1914

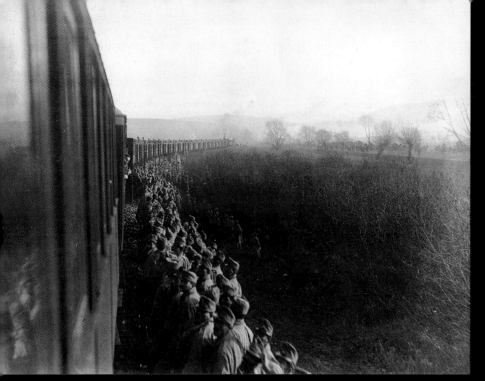

Während der Feldzug gegen Serbien schon begonnen hatte, ging in Galizien der Aufmarsch weiter. Er erfolgte mit schleppender Langsamkeit. Häufig waren die Rampen der Ausladebahnhöfe zu kurz, um die langen Züge aufzunehmen. Links oben: K. u. k. Truppen beim Auswaggonieren in Galizien. Um die Soldaten weniger anfällig gegen Seuchen zu machen, wurde schon im Herbst 1914 mit Massenimpfungen

vor allem gegen Cholera begonnen. Links unten: Stabsarzt Dr. Hofer bei Impfungen in Neusandez. Währenddessen begann die k. u. k. Kavallerie mit ihrer Fernaufklärung, um Klarheit über die russische Truppenverteilung zu bekommen. Aus dieser Fernaufklärung entwickelten sich die ersten größeren Gefechte und eine Reiterschlacht bei Jaroslavice, in der die k. u. k. 4. Kavalleriedivision dezimiert wurde. Anderen Verbänden ging es ähnlich. Das Ende der Schlachtenkavallerie war gekommen. Rechts: Eine Husarenpatrouille irgendwo an der russischen Front. Sommer 1914.

Auch für die russische Armee begann der Krieg mit Fernaufklärung der Kavallerie. Links: Russische Patrouille im Raum Lemberg. Insgesamt benötigten die Russen etwas mehr Zeit als die k. u. k. Armeen, um ihren Aufmarsch zu bewerkstelligen. Doch schließlich erreichten sie mit 1,8 Millionen Mann gegenüber den 1,2 Millionen Mann der österreichisch-ungarischen Truppen eine klare Überlegenheit,

die sie auch zu nützen wußten. Im Hinterland der Front der k. u. k. Armeen galten seit Kriegsbeginn Ausnahmegesetze. Rigorose Personenkontrollen unterbanden sehr rasch jede freizügige Bewegung. Rechts oben: Eine Straßensperre in Form eines Spanischen Reiters. Die Straßen sollten nicht zuletzt für die marschierenden Truppen frei sein, von denen viele noch nie in Galizien gewesen waren und beispielsweise den Tempel des Wunderrabbi von Sadagora bestaunen konnten (rechts unten).

Anfang September 1914 mußten die k. u. k. Armeen zurückgenommen werden, um ihnen eine kurze Ruhe zu gönnen, sie neu zu ordnen und ihre Verluste auszugleichen. Bei den Menschen ging das verhältnismäßig rasch.

Probleme bereiteten vor allem die außerordentlich hohen Verluste an Geschützen und militärischer Ausrüstung, die zunächst kaum ersetzt werden konnten. Für das k. u. k. Armeeoberkommando

bedeutete die Rücknahme der Front, daß es von Przemyśl zunächst nach Neusandez und schließlich nach Teschen übersiedeln mußte.
Links oben: Der österreichische Kriegsminister Baron Alexander

Krobatin in Neusandez. Rechts: Erzherzog Friedrich und Conrad von Hötzendorf in Teschen. Während sich der Armeeoberkommandant, Erzherzog Friedrich, in seinem eigenen Schloß in Teschen einrichten konnte und es relativ gemütlich hatte, versuchte der Generalstabschef Conrad von Hötzendorf, die Russen wieder zurückzutreiben. Immer wieder gab es ein „Hurra" auf den Kaiser, so wie beim (St. Pöltner) Infanterieregiment Nr. 49 (links unten).

Jeder kriegführende Staat tat wohl alles, um Erfolge herauszustreichen. Dabei waren es vor allem die Bilder von Kriegsgefangenen, die suggerieren sollten, daß der Feind enorme Verluste erlitt und die eine oder andere Krise bedeutungslos sei. In Österreich machten Bilder von kriegsgefangenen Russen nach einer der Einleitungsschlachten, nämlich bei Kraśnik, noch Monate später die Runde (links unten). Doch man hätte ebensogut kriegsgefangene tscherkessische Soldaten anbieten können (links oben). Wichtig war, daß die Fotos etwas aussagten oder zumindest Eigentümlichkeiten festhielten. Auch der Judenfriedhof von Horodenka (Mitte oben) gab ein

gutes Motiv ab. Es hätte damit in Verbindung gebracht werden können, daß die Juden in der k. u. k. Armee ihre Glaubensgenossen in der zaristischen Armee zum Überlaufen aufforderten und dabei darauf hinwiesen, daß die Gleichberechtigung der Völker und Konfessionen in Österreich-Ungarn nicht nur auf dem Papier stand. Im Herbst 1914 gesellte sich aber ein weiteres Motiv zu den Fotos: Der Schlamm. Rechts unten: Geschütztransport in Wolhynien. Um ein schweres Geschütz, wie z. B. einen 30,5-cm-Mörser (rechts oben: beim Laden) fortzubewegen, wurden oft ganze Wälder abgeholzt.

Da Frankreich und Großbritannien Österreich-Ungarn als einem Verbündeten des Deutschen Reichs noch im August 1914 den Krieg erklärt hatten, gab es für die k. u. k. Armee theoretisch eine dritte Front, die Front im Westen. Allerdings wurden lediglich einige schwere Mörser an diese Front geschickt, die dann Antwerpen beschossen, in den Raum Ostende kamen (links oben) oder in Brüssel ein Postkartenmotiv abgaben (links unten). Bis 1918 stellten die 30,5-cm-Mörser an der Westfront allerdings die einzige Hilfe dar, die von der k. u. k. Armee dem deutschen Heer gegeben werden konnte. In Wien genügte eigentlich ein Blick

auf die vor dem Pressebüro des k. u. k. Kriegsministeriums auf dem Stubenring ausgehängten Nachrichten (rechts), um im Herbst und Spätherbst 1914 zu erfahren, daß es um die k. u. k. Armeen nicht zum besten stand. In Galizien näherte sich die Front Krakau.

Die Verlustlisten, die in unregelmäßigen Abständen, meist aber nach wenigen Tagen ausgehängt und zeitweilig auch publiziert wurden, sprachen eine nur zu deutliche Sprache.

Bald gab es untrügliche Anzeichen dafür, daß dieser Krieg sämtliche Dimensionen sprengte. Der Tod war ein massenhafter geworden, und dementsprechend wurden Massengräber angelegt (rechts unten: Galizien 1914).

Serben und Russen gingen mit ihren Toten sehr rücksichtsvoll um, was noch 1914 dazu führte, daß auch die k. u. k. Armee der Bestattung und dem Totenkult mehr Aufmerksamkeit schenkte. Ein Solda-

tenfriedhof wie jener bei Sokal (Mitte) war Ausdruck dieses Umdenkens. Die ärztliche Versorgung unmittelbar hinter der Front und in der Heimat war durchorganisiert und begann sich sehr bald einzuspielen. Da sich auch die

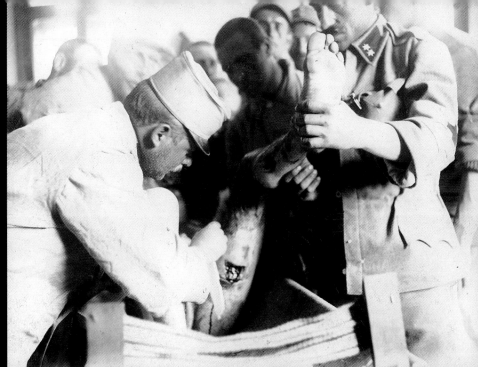

Größen der Wiener medizinischen Schule in den Dienst des Kriegs stellten, wurden nicht nur einfache chirurgische Eingriffe vorgenommen, wie auf dem Hilfsplatz der k. u. k. 36. Infanteriedivision bei Mlodiatyn (rechts oben), sondern sehr komplizierte Operationen durchgeführt. Zwischen den Hofmuseen in Wien zeigte man erbeutete russische Geschütze (links oben), und da sich mittlerweile die Erkenntnis breit gemacht hatte, daß der Krieg auch über den Winter gehen würde, war Strümpfestricken angesagt. Auch damit ließ sich eine Verbindung von Heimat und Front herstellen (links unten).

In unmittelbarer Nähe zur Front kam man nicht nur mit dem „normalen" Bild des Krieges in Berührung, sondern auch mit Formen des Leids, gegen die anzukämpfen auch Kaiser Franz Joseph unmöglich war. Trotz vielfacher Appelle, gegenüber der Zivilbevölkerung Schonung zu zeigen, setzten sich jene durch, die dem tatsächlich geübten oder auch nur dem vermuteten Verrat und

der Spionage damit begegnen wollten, daß sie Exempel statuierten. In Serbien (rechts und Mitte oben) sowie in Galizien (links unten) wurden wohl Tausende Hinrichtungen vorgenommen.

Die Gefängnisse waren überfüllt. Allerdings bedeuteten Gitter vor den Fenstern und ein Posten mit Gewehr vor einem Gebäude nicht unbedingt, daß im Inneren jemand wegen eines Delikts bewacht wurde. Auch Choleraverdächtige wurden derart untergebracht. (Links oben: Marmarossziget 1914/15).

Am 16. November 1914 begann die dritte Offensive der k. u. k. Armee gegen Serbien. Der Befehlshaber dieser Front, Feldzeugmeister Oskar Potiorek, setzte alles daran, Serbien niederzuwerfen.

Seine zwei Armeen griffen unter unsäglichen Strapazen an und konnten schließlich weit nach Serbien vorstoßen. Links oben:
K. u. k. Soldaten an der Save bei Šabac. Trotz des einsetzenden

DER BALKANKRIEGSSCHAUPLATZ
(Oktober 1915 bis März 1916)

BULGARIEN   RUMÄNIEN

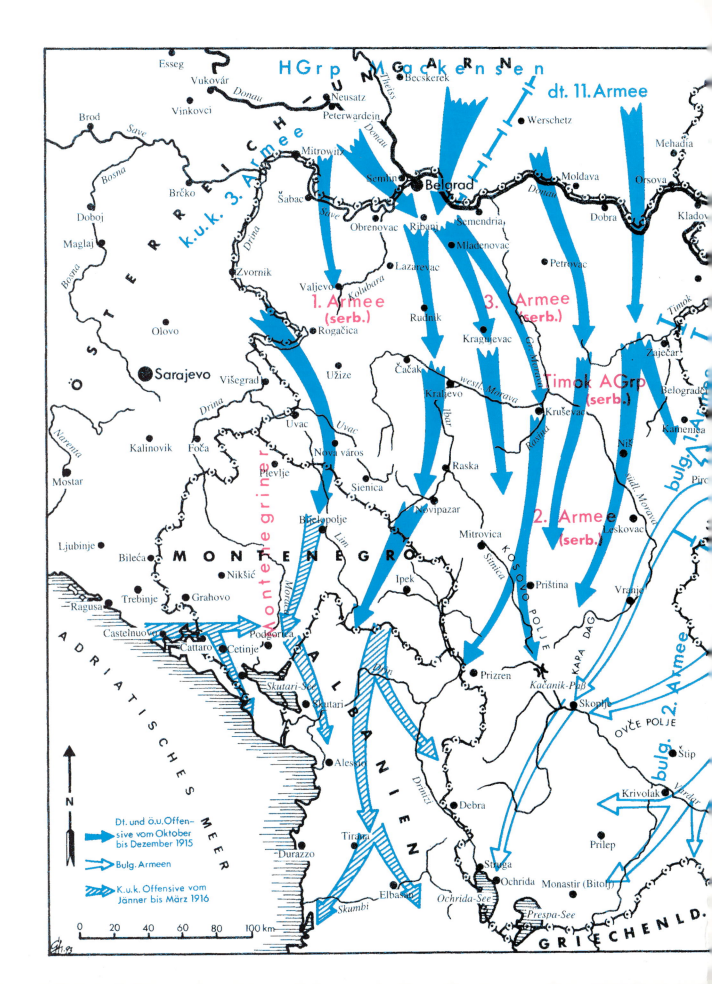

Schneefalls wurde weiter über die Gebirgsrücken und immer grundloser werdende Wege in den Tälern angegriffen. Der Nachschub blieb immer weiter zurück. Links unten: Nachschubkolonne im Ibartal. Die Soldaten hatten kaum mehr Munition (rechts oben: Schützenlinie bei Plevlje), und es war letztlich nur ein Scheinerfolg, daß am 2. Dezember 1914 k. u. k. Truppen in Belgrad einrückten (rechts unten). Wenige Tage später mußten sie die Stadt wieder räumen. Auch die dritte Offensive gegen Serbien war gescheitert.

Seit Kriegsbeginn bemühten sich das Zarenreich und Österreich-Ungarn um Polen. Die Regierung in Wien stellte Polen das Ende der Teilung in Aussicht. Diese Bemühungen wurden polnischerseits damit honoriert, daß sich am 16. August 1914 in Krakau ein polnisches Nationalkomitee bildete, das zum Eintritt in eine Polnische Legion aufforderte. Führer der Polnischen Legion wurde Brigadier Józef von Piłsudski. Trotz einer gewissen Skepsis des k. u. k Armeeoberkommandos und vor allem der Deutschen Obersten Heeresleitung erwies sich die Aufstellung der Polnischen Legion als ein voller Erfolg. Bis 1915 ließen sich bereits

sechs Regimenter bilden. (Links: Eine Eskadron der Polnischen Legion).
Bis November 1914 mußten die k. u. k. Armeen große Teile Galiziens aufgeben. Krakau war unmittelbar bedroht. Mit dem Land und seinen Menschen, die sich in die russische Besetzung fügen mußten, gingen auch kriegswichtige Industrien und Fördergebiete verloren.

Der Rückzug bis in den Raum Krakau führte nicht zuletzt zum Verlust der größten Erdölvorkommen Österreich-Ungarns. Rechts: Die brennenden Anlagen der Nafta-Gruben von Boryslav.

Im Spätherbst 1914 wurde durch das k. u. k. Armeeoberkommando eine Reihe von Befehlshabern enthoben. In den offiziellen Begründungen hieß es meistens: „krankheitshalber". Für die Masse der Offiziere und Soldaten gab es keine Enthebungen. Sie kämpften weiter und mußten trachten, den militärischen Alltag zu bewältigen. Links unten: Ein Feldgeistlicher hört die Beichte von kranken Soldaten. Links

oben: Trinkwasserbottiche mit destilliertem Wasser in cholera- und ruhrverseuchten Gebieten des südwestlichen Galizien. Am 1. Dezember 1914 begannen die k. u. k. Armeen im Süden Galiziens eine Offensive, die als Schlacht von Limanowa-Lapanów bekannt wurde und den russischen Vormarsch zum Stehen brachte. Rechts oben: Gefallene werden von der Zivilbevölkerung auf dem Schlachtfeld von Limanowa beerdigt. Rechts unten: Das Grab des bei Limanowa gefallenen Oberst Othmar Muhr, Kommandant des k. u. k. 9. Husarenregiments. Lemberg aber blieb „fest" in russischer Hand (Mitte).

150 km von der Front entfernt spielte sich zwischen November 1914 und März 1915 die Tragödie der Festung Przemyśl ab. Sie war schon einmal eingeschlossen gewesen, im Oktober 1914 aber wieder freigekämpft worden. Doch die zweite Belagerung endete mit der Übergabe. Przemyśl war zwar die mächtigste Festung Österreich-Ungarns mit imponierenden Panzertürmen und Fortifikationen, die fast

nicht zu stürmen waren. Doch trotz aller Bemühungen, den 130.000 Mann der Besatzung und zusätzlich 30.000 Zivilisten das Lebensnotwendige für viele Monate zuzuschieben, waren die Vorräte nach rund vier Monaten aufgebraucht. Links oben: Ein Postflug in die belagerte Festung, wie er bis wenige Tage vor der Übergabe durchgeführt wurde. Links unten: Notversorgung der Bevölkerung durch Nonnen in der Festung Przemyśl, November 1914. Rechts: Eine von Russen in Lemberg, der Hauptstadt Galiziens, organisierte Feier anläßlich des Falls der Festung Przemyśl am 23. März 1915.

Um die Belagerung Przemyśls zu beenden, plante Conrad von Hötzendorf im Februar 1915 eine Offensive in den Karpaten. Nach ihrem Scheitern wurden eine zweite und schließlich eine dritte Offensive begonnen. Die Karpatenschlachten endeten mit außerordentlich hohen Verlusten für die k. u. k. Armee. Gefallene, Verwundete, Vermißte und Kranke zusammengenommen rund 640.000 Mann, doch das Ziel, Przemyśl zu entsetzen, konnte trotz einer erstmaligen großen deutschen Truppenhilfe nicht erreicht werden. Links oben: Österreichischer Landsturm bei Tarnów, Dezember 1914. Links unten: Transport eines verwundeten öster-

reichischen Soldaten durch deutsche Kameraden am Dukla-Paß, Februar 1915. Mitte oben: Eine zur Bildpostkarte bestimmte Aufnahme mit dem Text „Ich hatt' einen Kameraden ...". Bei der zweiten Karpatenoffensive ging auch der wichtigste Eisenbahnendpunkt in diesem Raum, Bártfa, verloren. Mitte unten: Der Gemeindediener von Bártfa beim Austrommeln der neuesten Nachrichten. In den Karpaten waren nicht nur die Russen unbesiegbar, sondern vor allem auch die Kälte. Die Erfrierungen forderten Zehntausende Menschen. Rechts oben: Posten im Schnee.

Gerade während der Karpatenschlachten zeigte es sich, daß der Transport von Kriegsmitteln, vor allem von schwerer Artillerie, in dem unwegsamen Gelände bei hohen Schneelagen und bei dem immer wieder einbrechenden Tauwetter unmöglich war.
Das Auffahren einer Batterie auf hartem Boden und im offenen Gelände (links) war daher gerade in den Karpaten eine Seltenheit und

beschränkte sich mehr auf die anderen Abschnitte des russischen Kriegsschauplatzes. Die Soldaten blieben während der ersten und zweiten Karpatenschlacht oft tagelang ohne warme Verpflegung, weil auch diese nicht nach vorne gebracht werden konnte. In der Etappe freilich drängte sich das für die Versorgung einer ganzen Armee gedachte Schlachtvieh (rechts oben). Schließlich mußte man im April 1915 auch in den Karpaten zufrieden sein, die Front halten zu können und sie zu sichern.

Rechts unten: Herstellung von Drahthindernissen.

Im April 1915 stimmte der deutsche Generalstabschef Erich von Falkenhayn zu, eine gemeinsame Offensive im Raum südlich von Krakau zu führen. Den Oberbefehl sollte der deutsche Generaloberst August von Mackensen führen. Noch im April begann die Versammlung der für die Offensive vorgesehenen Verbände im Raum Tarnów-Gorlice. Links oben: Bayerische Truppen im Versammlungsraum. Der Angriff, der am 2. Mai 1915 begann, entwickelte sich zu einer Durchbruchsschlacht, die weit über die gesteckten Ziele hinauskam. Links unten: Eine österreichisch-ungarische Maschinengewehrabteilung mit Fahrrädern in der Gegend von Rzeszów. Am 3. Juni über-

schritten die Truppen der Verbündeten den San, und ein bayerisches Regiment konnte die Einnahme von Przemyśl melden (rechts unten). Die Bevölkerung der Stadt, noch immer 30.000 Menschen, wurde zu Freudenkundgebungen eingeladen (Mitte), während etwas außerhalb der Stadt das besichtigt werden konnte, was von einer Festung übrig geblieben war. Zuerst hatten die Österreicher gesprengt, dann die Russen. Rechts oben: Gürtelhauptwerk X nach der Wiedereroberung im Juni 1915.

Mit der Einnahme Przemyśls war ein erstes großes Ziel erreicht worden. Deutsche und österreichisch-ungarische Truppen drangen jedoch weiter vor. Lemberg war das nächste große Ziel. Im Hinterland der Front aber begann wieder jene Normalität, die man schon zu kennen glaubte.
Da rasteten Truppen, um dann wieder weiter zu marschieren (links), wurden gefangene Russen zu den Sammellagern eskortiert (Mitte oben), um sie dann weiter nach hinten abzuschieben und in der Heimat als Arbeitskräfte einzusetzen. Auch die einheimische Bevölkerung, wie die Frauen von Uhrynów, wurde gezwungen, Straßen wiederherzu-

stellen (Mitte unten). Dann galt es, die Verwundeten abzutransportieren. Rechts oben: Deutsche und österreichische Verwundete beim Briefeschreiben vor dem Abtransport im Raum Tarnów. Zum Alltag des Hinterlandes gehörte aber auch, daß Besuche gemacht wurden und es sich auch der deutsche Kaiser Wilhelm II. nicht nehmen ließ, dem österreichisch-ungarischen Armeeoberkommando einen Besuch abzustatten. Rechts unten: Kaiser Wilhelm im Gespräch mit den Erzherzogen Friedrich und Karl Franz Joseph.

2

Die Ernüchterung

Das österreichisch-ungarische
Werk Gschwendt auf der
Hochfläche der Sieben Gemeinden

6 Der Kriegseintritt Italiens

Italien hatte sich 1914 unter dem Vorwand neutral erklärt, von Österreich nicht über dessen Absichten gegenüber Serbien rechtzeitig informiert worden zu sein. Wenig später lehnte es die Donaumonarchie ab, Forderungen Italiens zu erfüllen und mit Vorgriff auf die Niederwerfung Serbiens territoriale Zugeständnisse in Form von Kompensationen zu machen. In den Verhandlungen mit seinen Verbündeten, aber auch mit den Ententemächten erwies sich Italien als ein sehr geduldiger Kontrahent und verfolgte unterdessen mit aller Aufmerksamkeit das Kriegsgeschehen. Als die Ententemächte jedoch erkannten, daß die Italiener nur taktierten, um ihre Position auszuloten, und daraufhin mit einer gewissen Reserviertheit reagierten, wandten sich die Italiener, wohl auch beeinflußt durch den weiten Vorstoß der k. u. k. Truppen nach Serbien, wieder den Mittelmächten zu und versuchten, im Umweg über Berlin Wien zu territorialen Zugeständnissen zu bewegen, wobei man konkret das Trentino ins Auge gefaßt hatte. Ende Jänner 1915 tauchte im Deutschen Reich erstmals der Gedanke auf, die sich hartnäckig weigernden Österreicher mit dem polnischen Kohlengebiet um Sosnowice, ja sogar mit schlesischen Gebieten zu entschädigen. Dem neuen k. u. k. Außenminister Stephan Graf Burián von Rajecz, der den aufgrund der Trentinofrage zurückgetretenen Berchtold ersetzte, fiel es nicht leicht, seine Haltung zu verteidigen. Er ging daraufhin in die Offensive und wartete in Gesprächen mit dem italienischen Botschafter, dem Herzog von Avarna, mit Gegenforderungen auf. Daraufhin brach Italien die Gespräche mit Wien ab und begann ernsthaft zu drohen. Es machte keinen Hehl daraus, daß es gesonnen war, für seine Teilnahme oder Nichtteilnahme am Krieg möglichst viel herauszuschlagen.

Anfang März 1915 nahm Italien seine Gespräche mit der Entente in London wieder auf. Die Forderungen Roms waren in mehreren Punkten zusammengefaßt. Die Entente verpflichtete sich, keinen Sonderfrieden mit den Mittelmächten zu schließen. Eine Militärkonvention sollte gewährleisten, daß Österreich-Ungarn nicht seine ganze Kraft gegen Italien konzentrieren könnte. Eine Flottenkonvention mußte sicherstellen, daß die britische und französische Flotte zusammen mit den Italienern bis zur Vernichtung der österreichisch-ungarischen Flotte im Mittelmeer kämpfen würde. Weiters wurde die Abtretung des Trentino an Italien und des cisalpinen Teils von Tirol gefordert, ebenso Triest, die Grafschaften Görz und Gradiska sowie Istrien bis zum Quarnero. Schließlich verlangte der italienische Außenminister Sonnino noch Dalmatien von seiner Nordgrenze bis zur Narenta. In weiteren elf Punkten wurden die übrigen italienischen Wünsche zusammengefaßt: ein Anteil an der Kriegsentschädigung, eine britische Garantie der Unabhängigkeit des Jemen, eine Neutralisierung der heiligen Stätten des Islam oder auch die Nichtzulassung des Papstes zu den Friedensverhandlungen. Großbritannien und Frankreich, die glaubten, auf eine Teilnahme Italiens am Krieg nicht verzichten zu können, suchten nach Möglichkeiten, den Wünschen ihres künftigen Bündnispartners entgegenzukommen. Sehr bald schon konnte ein Kompromiß erzielt und der „Londoner Vertrag" abgeschlossen werden, so daß schließlich nur mehr das Datum des Kriegseintrittes offen war. Während das alles unter Dach und Fach gebracht wurde, verhandelte Italien auch mit Wien weiter und ließ Österreich-Ungarn wie Deutschland in dem Glauben, daß eine dreibundkonforme Lösung noch möglich wäre. In Wien war man gerade damit beschäftigt, die Haltung gegenüber Italien, wohl auch aufgrund des zunehmenden Drucks von seiten der Deutschen, komplett zu revidieren und Kompensationen zuzustimmen, als Italien die Brennergrenze, Friaul und das Gebiet um Triest forderte, etwas, das Österreich weder erfüllen konnte noch wollte.

Am 3. Mai 1915 übersandte Sonnino dem Herzog von Avarna eine Note, mit der der Dreibundvertrag gekündigt wurde. Die Note wurde tags darauf dem Minister des Äußern übergeben. Eine gleiche Note wurde drei Tage später auch in Berlin überreicht. Nun war wohl jedem klar, daß der Kriegsfall „I" in Kürze eintreten mußte. Österreich-Ungarn antwortete auf die Vorgänge in Italien nicht – wie man in Rom vielleicht erwartet hatte – mit der Kriegserklärung.

Vielmehr antwortete Burián auf die Aufkündigung des Dreibundes damit, daß er die angeführten Gründe als irrelevant zurückwies und vor allem auch geltend machte, daß der Dreibund 1912 über Vorschlag Italiens bis 1920 verlängert worden war. Eine Kündigung könne daher erst bei Ablauf dieses Termins ausgesprochen werden. In Rom war man von diesen Argumenten nicht beeindruckt.

Am 20. Mai wurde in Italien die Generalmobilmachung für den 23. verkündet. Am Nachmittag des 23. wurde dem österreichischen Botschafter in Rom, Baron Macchio, die italienische Kriegserklärung an Österreich-Ungarn überreicht. Keinen Krieg sollte es mit dem Deutschen Reich geben.

Schon nach der Neutralitätserklärung Italiens waren entlang der österreichischen Reichsgrenze im Südwesten Sicherungsmaßnahmen getroffen worden. Und je mehr sich die Gerüchte verdichteten, Italien würde in den Krieg eintreten, umso mehr wurden Anstrengungen gemacht, Freiwilligenverbände aufzustellen. Denn reguläre k. u. k. Truppen schien es nur im denkbar ungenügendsten Ausmaß zu geben. Zudem wurden für die Bewohner des Grenzgebiets Evakuierungsmaßnahmen getroffen. Aus dem Trentino wurden 114.000 Menschen umgesiedelt; aus dem italienischen Tirol wurden die Evakuierten nach Nordtirol, Vorarlberg, aber auch Ober- und Niederösterreich, Böhmen und Mähren gebracht, sodaß es in einigen Gebieten zu einer regelrechten Entvölkerung kam. Bis Juni war die Evakuierung praktisch in allen an Italien grenzenden Bereichen abgeschlossen. Ende April 1915 begannen im oberen Bereich des Isonzo Arbeiten zur Geländeverstärkung, und am 11. Mai setzte die vollständige Armierung aller Befestigungen an der italienischen Grenze ein. Ab Mitte Mai übersiedelten die ersten Stäbe in ihre neuen Hauptquartiere.

Wenige Tage vor dem Abschluß des Londoner Vertrags, mit dem sich Italien zum Kriegseintritt auf seiten der Entente verpflichtete, begann die Mobilmachung der ersten acht Armeekorps, der dann bis Mai jene der restlichen sechs Korps folgte. Die offizielle Kriegserklärung war nur eine völkerrechtliche Formsache und ohne weitere Bedeutung. Das italienische Heer erreichte schon im Juni 1915 eine Stärke von über 31.000 Offizieren, 1,058.000 Unteroffizieren und Mannschaften und konnte sich bei seinen Vorbereitungen auf die Bestimmungen des Londoner Vertrags bzw. die Militär- und Marinekonventionen verlassen.

Am 11. Mai unterbreitete Erzherzog Friedrich dem Kaiser einen ersten Entwurf des AOK für einen Aufmarsch gegen Italien, wobei man sich auf die relativ genaue Kenntnis der italienischen Kräfteverteilung stützen konnte. Mit deutscher Truppenhilfe war in diesem Fall freilich nicht zu rechnen, da sich ja auch das Deutsche Reich nicht im Kriegszustand mit Italien sah. In Österreich war man über die Absenz des deutschen Bundesgenossen schwer enttäuscht. Auch Kaiser Franz Joseph war über die Haltung der Deutschen empört und wies am 11. Juni die Militärkanzlei an, in Telegrammen an deutsche Stellen den Ausdruck „Waffenbrüderschaft" zu vermeiden. Der Ausfall stärkerer deutscher Kräfte machte nicht nur jeglichen Gedanken an eine Offensive illusorisch. Es stand auch zu befürchten, daß die Front im Südwesten rasch zusammenbrechen würde.

Der Krieg gegen Italien ließ auch fast schlagartig die bis dahin wenig hervorgetretene k. u. k. Kriegsmarine in den Mittelpunkt des Interesses rücken. Die Flotte in der Adria war als eine Streitmacht aufgebaut worden, die zwar so gedacht gewesen war, daß sie zusammen mit den ja lange verbündet gewesenen italienischen Streitkräften französische und britische Flottenverbände in der Adria und im Mittelmeer im Schach halten sollte, ebenso aber auch gegenüber Italien Überlegenheit demonstrieren konnte. Bei Kriegsbeginn 1914 hatte sich der Flottenkommandant, Admiral Anton Haus, geweigert, mehr als unbedingt nötig zu riskieren und vielleicht eine aktive Kriegführung im Mittelmeer zu beginnen und damit den Kriegseintritt der Türkei auf seiten der Mittelmächte zu beschleunigen. Für ihn war die Straße von Otranto im großen und ganzen die südliche Begrenzung des eigenen Aktionsradius gewesen. Die defensive Konzeption der k. u. k. Marineleitung und insbesondere jene Haus stieß nicht nur bei den Deutschen, sondern auch im k. u. k. Armeeoberkommando auf Kritik. Da in die k. u. k. Kriegsmarine erhebliche

DIE ERNÜCHTERUNG

Geldmittel investiert worden waren und sie als Flotte zweifellos zu reüssieren vermochte, konnte und wollte es vielen nicht so recht einleuchten, warum die Marine im Kriegsfall so geringen Nutzen bringen sollte.

Die folgenden Monate schienen jedoch der defensiven Konzeption des Flottenkommandanten recht zu geben. Den Franzosen gelang es zwar immer wieder, an der dalmatinischen Küste aufzutauchen und den Nachschub für Montenegro über See durchzuführen, aber sie setzten sich dabei zunehmend den k. u. k. Seefliegern, Torpedo- und U-Booten aus. Schließlich erlitten sie sogar einige empfindliche Verluste. Am 18. Dezember wurde das französische U-Boot „Curie" entdeckt und versenkt, als es in den Kriegshafen von Pola einzudringen versuchte, und drei Tage später torpedierte das österreichisch-ungarische U-Boot „U 12" das französische Linienschiff „Jean Bart". Die Risikobereitschaft Haus' hielt sich aber auch in der Folge in Grenzen, er sah seine Aufgabe weiterhin im Schutz der kroatischen und dalmatinischen Küste.

Mit dem Kriegseintritt Italiens schien sich jedoch die gesamte österreichisch-ungarische Seekriegführung in der Adria gewandelt zu haben. Kreuzer, Zerstörer und Torpedoboote machten Vorstöße gegen die italienische Küste. Dabei nahm man auch eigene Verluste in Kauf. Die k. u. k. Kriegsmarine stellte eine ständige Bedrohung der italienischen Schiffahrtswege und Häfen dar. Und außerdem waren die Deutschen bereit, zur See auszuhelfen, allerdings unter österreichisch-ungarischer Flagge.

Mittlerweile hatte der Landkrieg schon seine ersten Höhepunkte erreicht. Die Italiener griffen nur langsam an und rückten zögernd gegen die Tiroler Gebirgsfront vor, wo sich der Krieg als Kampf um die Sperrforts und um die Gipfel entwickelte. An der Isonzofront zeigten sie sich vom ersten Tag an wesentlich angriffsfreudiger. Das entsprach auch der operativen Planung des italienischen Generalstabschefs, Luigi Cadorna, der in diesem Abschnitt nicht nur seine Hauptmacht konzentrierte, sondern auch Ziele ansprach, die gleichsam in Griffweite lagen. Bereits am 24. Mai früh überschritten die italienische 2. und 3. Armee die Reichsgrenze, besetzten Karfreit und gelangten an den Isonzo. Am folgenden Tag standen Vorhuten beider Armeen links und rechts des von der k. u. k. 5. Armee unter dem Kommando von Feldzeugmeister Svetozar Boroević gebildeten Brückenkopfs von Görz am Isonzo.

Nach verlustreichen Kämpfen um die Isonzoübergänge und nach der Wegnahme von Monfalcone stellte die italienische 3. Armee am 9. Juni ihren Angriff am Rand des Karstplateaus ein. Der Abwehrerfolg dieser ersten Tage brachte auf österreichischer Seite wachsende Zuversicht hervor, die bisweilen sogar in einem Überlegenheitsgefühl ausartete, da man einem zahlenmäßig weitaus stärkeren Gegner in notdürftig vorbereiteten Stellungen und unter wenig idealen Bedingungen widerstanden hatte. An eine Offensive zu denken, wagten aber nur die wenigsten, denn nach wie vor lag die Initiative bei den Italienern, die ihre Bemühungen zur Erreichung der gesteckten Ziele am Isonzo unvermindert fortsetzten. Vier Wochen nach Kriegsbeginn leitete Cadorna den ersten Großangriff am Isonzo ein. Die erste Isonzoschlacht kulminierte Anfang Juli in Kämpfen um die Karsthochfläche bei Redipuglia, beim Monte San Michele, auf der Podgora und am Monte Sabotino. Die italienische 2. Armee stürmte gegen den Brückenkopf von Görz an und brachte eine bis zu sechsfache Überlegenheit an Infanterie zur Geltung. Die Geländegewinne waren dennoch äußerst dürftig und betrugen oft nur einige hundert Meter. Die Gesamtverluste der Italiener beliefen sich auf rund 15.000 Mann, die der Verteidiger auf 10.000 Mann. Offensichtlich war die Verteidigung genau die richtige Methode, um die Schwäche der österreichischen Südwestfront auszugleichen.

Die zweite Isonzoschlacht ließ kaum zwei Wochen auf sich warten. Sie begann am 17. Juli 1915. Ziele der italienischen 2. Armee waren abermals Görz und der Brückenkopf von Tolmein. Die 3. Armee hatte auf die Karsthochfläche vorzustoßen. Beide Armeen hatten zusätzlich schwere Heeresartillerie bekommen. Die Artillerievorbereitung der Italiener war konzentrierter und wirkungsvoller als in der ersten Isonzoschlacht. Die k. u. k. Truppen litten ungeheuer, da die Splitterwirkung der Artilleriegeschosse durch das berstende Karstgestein noch vervielfacht wurde. Sie waren kaum eingegraben und hatten sich meist nur Brustwehren geschaffen. Da in dieser Phase des Krieges noch keine Stahlhelme eingeführt waren, gab es zahllose schwere Kopfverletzungen. Über die Frage des Stellungsausbaus kam es schließlich auch zu einer erregten Kontroverse zwischen Boroević und dem Kommando der Südwestfront sowie dem AOK. Der Streit artete letztendlich zu einer persönlichen Auseinandersetzung des Generalstabschefs der Südwestfront, Feldmarschalleutnant Alfred Krauß, mit dem von vielen angefeindeten Kommandanten der 5. Armee, Boroević, aus. Der Armeekommandant reichte sogar sein Abschiedsgesuch ein. Erzherzog Friedrich erzwang schließlich aber die Fortsetzung der Zusammenarbeit von Krauß und Boroević und verwarf das Pensionierungsgesuch.

Die zweite Schlacht endete am 3. August. An diesem Tag gab Cadorna den Befehl zur Einstellung der Offensive. Die Schlacht war mittlerweile zur Materialschlacht geworden. Die italienischen Armeen hatten von den Westmächten jene Waffen geliefert bekommen, die ihnen anfänglich gefehlt hatten, und waren auch in der Lage gewesen, die eigene Rüstungsindustrie anzukurbeln. Die Italiener waren den k. u. k. Truppen vor allem bei den Steilfeuer- und Infanteriegeschützen weit überlegen gewesen. Doch ihr Erfolg hielt sich wieder in äußerst engen Grenzen. Die Verluste freilich waren auf beiden Seiten hinaufgeschnellt. In vier Wochen hatte die k. u. k. 5. Armee Gesamtverluste von 46.000 Mann, die Italiener dagegen 41.800.

Allmählich nahm die Front am Karst jenes Aussehen an, das vom Stellungskrieg im Westen und auch von manchen Abschnitten der Ostfront bekannt war, und ebenso stellten sich schaurige Begleiterscheinungen ein. Es herrschte große Wasserknappheit, das Wasser der Niederschläge war durch umherliegende Leichen vergiftet. Tote verpesteten die Luft, die Cholera brach aus.

An der Tiroler Front war den Italienern bis zu diesem Zeitpunkt ebenfalls der Erfolg versagt geblieben, wobei den Österreichern sicher die genaue Kenntnis der italienischen Kräfteverteilung zugute kam. Die Italiener hatten am 15. August mit dem Wirkungsschießen gegen die Sperrforts auf der Hochfläche von Folgaria und Lavarone begonnen, stellten sie jedoch Ende des Monats wieder ein, da die k. u. k. Truppen dem Beschuß nicht nur standhalten, sondern ihr eigenes Feuer sehr wirkungsvoll gegen die italienischen Sperrforts legen konnten.

Der Krieg im Gebirge erforderte ganz neue Maßnahmen, um den Nachschub sicherzustellen, um die Truppen versorgen zu können und um ihnen in einem Gebiet, das ja nur wenige Monate im Jahr schneefrei war, wenn überhaupt, das Überleben zu sichern. Während die österreichisch-ungarischen Truppen Bahnen diverser Art anlegten, bauten die Italiener vor allem Kriegsstraßen, um alles nach vorne zu bringen, was erforderlich war, und in Regionen, die eigentlich nur mit alpinistischen Mitteln zugänglich waren, Krieg führen zu können: Waffen, Munition, Gerät aller Art, Sprengstoff, Sanitätsmaterial, Holz, Wasser, Verpflegung, Fernmeldegerät und vieles mehr. Dies erforderte eine zeitraubende und immens aufwendige Vorbereitung.

Bei einem weiteren Durchbruchsversuch besetzten die Italiener kurzfristig den Gipfel des Col di Lana, büßten ihn aber wieder ein, und auch weitere 26 Angriffe blieben erfolglos. Sie begannen daraufhin, den Gipfel zu unterminieren. Die Sprengung erfolgte aber erst im April 1916.

Parallel zu bzw. kurz nach den Geschehnissen an der Gebirgsfront kam es zur dritten und vierten Isonzoschlacht, die immer mehr Materialschlachten glichen, wie sie auch an der Westfront an der Tagesordnung waren. Sie waren von Cadorna befohlen worden, um die Herbstoffensive der Alliierten zu unterstützen. Beide Schlachten brachten jedoch keine operativen Gewinne, was heftige Kritik der Verbündeten Italiens zur Folge hatte.

Im Dezember erlahmten schließlich die Kämpfe an allen Abschnitten. Nach siebenmonatigen Kampfhandlungen war festzustellen, daß die k. u. k. Truppen entgegen ihren Befürchtungen das Auftreten eines neuen Feindes nicht nur überstanden hatten, sondern daß trotz der Last der Abwehr die Operationen der Mittelmächte in Rußland und in Serbien keineswegs nachhaltig beeinflußt oder verzögert worden waren.

7 Sommerschlacht in Galizien

Seit es Krieg mit Italien gab, war die Abstimmung der operativen Ziele der Mittelmächte noch schwieriger geworden. Im Osten, wo sich die großen Erfolge nach der Durchbruchsschlacht bei Tarnów-Gorlice in ihren Auswirkungen zunächst noch gar nicht absehen ließen, stimmte schließlich auch Falkenhayn dafür, weiterzustürmen und nicht nur die San-Dnjestr-Linie zu erreichen, sondern darüber hinaus zu gehen. Nun war es Conrad, der angesichts der neuen Front gegen Italien dafür plädierte, daß die Truppen nach Erreichen der San-Dnjestr-Linie zur Verteidigung übergehen sollten und alles, was an Truppen herauszulösen war, gegen Italien geworfen werden sollte.

Im Frühsommer 1915 wurden auch Stimmen laut, die für einen Frieden mit Rußland plädierten. Auch Falkenhayn war unter jenen, die einen Frieden unter Zugrundelegung des territorialen Status quo schließen wollten. Doch die Initiative scheiterte letztlich aufgrund der mangelnden Bereitschaft beider Seiten zu Verhandlungen.

Der Krieg im Osten ging daraufhin weiter. Falkenhayn stimmte dem Vorschlag Conrads zu, Lemberg als nächstes Operationsziel zu wählen. Der Befehlsbereich Mackensens sollte um die k. u. k. 2. Armee erweitert werden. Aber für Lemberg wollte Conrad sogar das hinnehmen. Schon am 22. Juni wurde die Hauptstadt Galiziens von der 2. Armee zurückerobert, und somit war der größte Teil österreichisch-ungarischen Territoriums, der ab August 1914 verlorengegangen war, wieder „fest in unserer Hand". Die Ruthenen, die zu einem nicht unerheblichen Teil mit den Russen kollaboriert hatten, sollten auf Befehl Kaiser Franz Josephs geschont werden, um nicht wieder in den Fehler des Vorjahres zu verfallen und mit den zahllosen Exekutionen Haß zu schüren.

Nach der Eroberung Lembergs sollten zwei Armeen unter dem Kommando Mackensens, die k. u. k. 4. und die deutsche 11. Armee, nach Norden einschwenken und jene schon am Beginn des Krieges überlegte Abschnürung Russisch-Polens bewerkstelligen, die noch ausständig war. Die k. u. k. 2. Armee wurde in ihrer Vormarschrichtung nach Osten belassen. Doch da die Ziele der gemeinsamen Offensive bereits bei weitem übertroffen worden waren, griffen wie von selbst Überlegungen Platz, mit dem Abtransport deutscher Truppen in den Westen zu beginnen. Dort hatte es zwar Abwehrerfolge in der sogenannten Winterschlacht in der Champagne gegen die Franzosen und bei Lille gegen die Briten gegeben. Doch dann war der Stellungskrieg trotz des erstmaligen Einsatzes von Giftgas im Frontbogen bei Ypern am 22. April 1915 weitergegangen. Es war naheliegend, daß Falkenhayn dem Westen neue Kräfte zuführen wollte. Conrad aber setzte nun alles daran, die Offensive im Osten fortzuführen. Und dazu mußte er mit Falkenhayn über die nächsten Ziele verhandeln. Am 28. Juni trafen sich die beiden Generalstabschefs, um die Grundzüge der nun folgenden Operationen festzulegen. Natürlich geschah dies nicht friktionslos, aber man fühlte sich doch einem gemeinsamen Ziel verpflichtet. Die Offensive in Polen wurde fortgesetzt.

Im Juli wurden ansehnliche Erfolge erzielt, schließlich Ende Juli Lublin genommen und am 1. August Cholm. Am 4. August eroberten die deutsche 9. Armee Warschau und die k. u. k. Armeegruppe Kövess Ivangorod. Damit war auch an diesem Punkt die Weichsel überschritten. Das Ende des großen Feldzugs im Osten schien gekommen. Doch wie sollte man Rußland an den Verhandlungstisch bringen? Das Deutsche Reich war mit seinen Bemühungen bereits zweimal gescheitert, und im Fall Österreichs war die ukrainische Frage zu einem Problem geworden. Die Russen fürchteten, daß sich die Ukrainer von Österreich-Ungarn angezogen fühlen könnten. Wieder verliefen die Sondierungen im Sande, der Krieg wurde fortgesetzt. Mitte August 1915, nach dem Fall von Kovno, entließ der Zar den russischen Oberbefehlshaber Nikolaj Nikolaevič sowie das russische oberste Kommando und übernahm selbst den Oberbefehl.

Falkenhayn hatte unterdessen bei Conrad anklingen lassen, daß er die deutschen Truppen von der Front im Osten abzuziehen gedenke. Conrad erklärte sich damit einverstanden, wollte aber die Offensive mit begrenzten Zielen fortsetzen.

Sein Plan war es, die russische West- und Südwestfront, die durch die Pripjetsümpfe ohnedies geteilt war, noch weiter zu zersprengen. Damit sollte eine Operation eingeleitet werden, die dann als „schwarz-gelbe" Offensive die wiedergewonnene Handlungsfreiheit und Unabhängigkeit von der Deutschen Obersten Heeresleitung unter Beweis stellen sollte.

Conrad wollte nach Rowno und wenn möglich bis Kiew vorrücken. Endlich bot sich nun auch die Gelegenheit, in das eigentliche Gebiet Rußlands vorzustoßen. Dabei standen ihm auch ausreichend Truppen zur Verfügung, nämlich $38^1/_2$ Infanterie- und achteinhalb Kavalleriedivisionen. Sie waren mit ihren rund 350.000 Mann vor allem der Infanterie der Russen der 8. Armee um rund die Hälfte überlegen.

Am 26. August 1915 begann der Angriff. Die k. u. k. Armeen nahmen Grodno ein und konnten am 31. August Luck erobern. Brusilov zog sich über den Fluß Stryi zurück. Die k. u. k. 2. Armee schloß sich dem Vormarsch an. Conrad drängte die Armeekommandanten, nicht frontal anzugreifen, sondern einseitig zu umfassen. Er wollte unbedingt den operativen Flankenstoß anbringen, doch gelang es den Russen, sich immer wieder festzusetzen, Wege und Brücken zu zerstören und so den Gegner aufzuhalten. Der einsetzende Regen trug das Seine dazu bei, daß die k. u. k. Truppen steckenblieben. General Ivanov, der Oberkommandierende der russischen Südwestfront, befahl seinerseits Entlastungsangriffe aus dem Brückenkopf um Tarnopol und bedrohte dadurch die k. u. k. 2. Armee und die deutsche Südarmee. Conrad brauchte also dringend einen Erfolg in Wolhynien, schon deshalb, um den Druck von den eigenen Fronten zu nehmen. Doch die Umfassung im Norden fiel zu gering aus, sodaß sich die Russen einer Einschließung entziehen konnten. Statt in einer weit ausholenden Operation wurde nun immer direkter nach dem Osten angegriffen. Es wurde in Kauf genommen, daß man für die Südwestfront keine Truppen freimachen konnte und dort eine Reihe von Krisen heraufbeschwor, nur weil die k. u. k. Armeen im Nordosten zum Erfolg kommen sollten. Damit nicht genug, wurden Anregungen laut, Truppen von der Südwestfront abzuziehen. Jetzt schien das Chaos perfekt. Und die Russen hatten sich nicht nur wieder erfangen, sondern begannen ihrerseits wieder zur Offensive überzugehen. Ivanov setzte seine Hauptmacht gegen den an sich stärksten Teil der k. u. k. Nordostfront an, die Heeresgruppe Erzherzog Joseph Ferdinand. Aus den Rokitnosümpfen dirigierte Ivanov Verstärkungen in den Raum der 8. Armee und versetzte damit Brusilov in die Lage, seine Unterlegenheit auszugleichen. Der Angriff traf vor allem die k. u. k. 4. Armee, die nur wenig Widerstand leistete, was zu heftiger Kritik von seiten des AOK führte.

Conrad beriet mit Falkenhayn die Auswirkungen des russischen Gegenangriffs, und obwohl insbesondere Falkenhayn darauf hinwies, daß es zweckmäßig wäre, die österreichisch-ungarische Front zurückzunehmen, entschloß man sich dennoch, in den erreichten Linien zu verteidigen, da ein Rückzug auf die Moral der Truppen womöglich negative Auswirkungen gehabt hätte. Um die Truppen zu verstärken, wurde ein weiteres Korps, das für Serbien bestimmt war, im Nordosten verwendet. Deutschland schickte statt dessen Ersatz nach Syrmien.

Die sich abzeichnende Schlappe der österreichisch-ungarischen Truppen führte erneut zu heftigen Vorwürfen und Beschuldigungen von deutscher und von österreichisch-ungarischer Seite. Es war aber sowohl dem AOK wie auch der Deutschen Obersten Heeresleitung klar, daß wiederum nur das Einschieben deutscher Verbände und eine teilweise Übernahme der Befehlsführung durch deutsche Generäle die Niederlage in einem erträglichen Maß halten konnte. Auch Conrad war zur Einsicht gelangt, daß die k. u. k. Armee das Steuer nicht mehr aus eigener Kraft würde herumreißen können, und entschloß sich, den deutschen Verbündeten wieder um Hilfe zu bitten. Falkenhayn sagte ihm rasch die Entsendung von zwei Divisionen zu unter der Bedingung, daß die deutschen Truppen und zwei k. u. k. Kavalleriekorps am Nordflügel der 4. Armee eingesetzt und die gesamte 4. Armee unter deutsches Kommando gestellt würden. Für diese Armeegruppe wurde General von Linsingen ausgesucht, der seinerseits unter dem Befehl des AOK stehen sollte.

Doch die Situation in Wolhynien verschlechterte sich immer mehr, sodaß das AOK noch einmal zwei Divisionen, die schon in Richtung Balkan abgegangen waren, im Raum Budapest umdirigieren und wieder nach Ostgalizien werfen mußte. Am 23. September gelang es General Brusilovs 8. Armee, Luck wieder zu erobern.

Jetzt übernahm Linsingen das Kommando über die gesamte Heeresgruppe, die bisher Erzherzog Joseph befehligt hatte. An dessen Befehlsführung war schwerste Kritik geübt worden, aber Conrad war zunächst nicht bereit gewesen, seine Ablösung zu fordern; nun aber war zumindest ein Vorwand gegeben, um dem Erzherzog ein anderes Kommando zu übertragen.

Der russische Erfolg hatte aber nicht nur zur Folge, daß die Verluste der k. u. k. Truppen enorm anstiegen und auch die Zahl der Gefangenen in die Höhe schnellte. Die Russen konnten auch ihre Engpässe bei Infanteriewaffen und -munition überwinden. Kaum aber hatte Linsingen das Kommando übernommen, setzte auch schon der Umschwung ein. Die Russen stellten die Offensive ein. Das Einschieben deutscher Truppen hatte bei General Ivanov die Erinnerung an die Schlacht von Tarnów-Gorlice geweckt. Doch auch das AOK und die Deutsche Oberste Heeresleitung beschlossen die Einstellung der Offensive.

DIE ERNÜCHTERUNG

Somit ergab sich ein Bild, das an Klarheit nichts zu wünschen übrig ließ: Die „schwarz-gelbe Offensive" war gescheitert. Die k. u. k. Armee hatte eine schwere Niederlage erlitten, die sie 230.886 Mann kostete. Die Ostarmeen fielen von einer runden halben Million auf etwas mehr als die Hälfte ab.

Die Frage nach den Gründen für dieses Desaster kann unschwer beantwortet werden. Der Vorwurf einer schlechten Konzeption ist nicht angebracht, denn die Planung war wohl durchaus logisch, der Ansatz der Truppen ein richtiger gewesen. Aber das Talent und die Fähigkeiten der Offiziere reichten oft nicht aus, um die operativen Ideen umzusetzen. Auch das Wetter war zu berücksichtigen und die physische und psychische Situation der Soldaten, deren rapide Verschlechterung ein Absinken des Kampfwillens mit sich brachte.

Doch auch die Russen waren zu keinem größeren Angriff mehr fähig, ehe sie nicht eine vollständige Reorganisation ihrer Armeen durchgeführt und diese wieder aufgefrischt hatten. Die Truppen der Mittelmächte bezogen die sogenannte Dauerstellung, in der sie sich eingruben und auf die Abwehr beschränken wollten. Die Schwergewichte der Mittelmächte verlagerten sich im Fall Deutschlands an die Westfront, jene Österreich-Ungarns in den Südwesten und für beide schließlich auch auf den Balkan.

Über die Wiederaufnahme der Offensive gegen Serbien war seit dem Frühjahr 1915 gesprochen worden, und schon damals hatte der deutsche Generalstabschef klargemacht, daß er bereit sei, deutsche Truppen dorthin zu schicken. Mit der erhofften Niederwerfung Serbiens sollte ein Dominoeffekt erzielt werden: Fiel Serbien, dann sollten auch Rumänien und Bulgarien ihre Haltung ändern. Die Türkei würde wirkungsvoll zu unterstützen sein, Montenegro ließ sich als eine Art Zubuße mitnehmen. Auswirkungen auf Griechenland waren unvermeidlich, kurzum, der gesamte Balkanraum würde eine andere Gestalt annehmen und die Kriegführung verändern. Falkenhayn war natürlich der Ansicht gewesen, daß Conrad ihm zustimmen würde. Dieser brachte den Ideen einer Wiederaufnahme der Operationen aber zunächst bestenfalls höfliches Interesse entgegen. Ihm schien Italien viel wichtiger zu sein. Falkenhayn ließ aber nicht locker und begann bereits Ende Juli 1915 mit den konkreten Vorbereitungen. Etwas überraschend kam in dieser Phase das Angebot Bulgariens, mit Deutschland ein Freundschaftsbündnis einzugehen. Am 6. September kam der Abschluß dieses Bündnisses in Form eines deutsch-bulgarischen Freundschaftsvertrags ohne Beteiligung Österreichs sowie eines deutsch-bulgarischen Geheimvertrags über territoriale Veränderungen gegenüber Serbien und einer Militärkonvention, an der auch Österreich-Ungarn beteiligt war, zustande.

Wenn Conrad gehofft hatte, sich dem deutschen Einfluß entziehen und einen eigenen Kurs steuern zu können, so mußte er spätestens jetzt zur Kenntnis nehmen, daß die Monarchie als Großmacht bereits abgedankt hatte und vom Deutschen Reich politisch, militärisch und vor allem auch wirtschaftlich ins Schlepptau genommen worden war. Das Deutsche Reich entschied über die Struktur des Bündnisses und den Beginn einer strategischen Offensive. Die Deutsche Oberste Heeresleitung verfügte über die Truppen und entschied über deren Führung, und dem k. u. k. Armeeoberkommando waren nur mehr einzelne Frontbereiche geblieben.

Am 6. Oktober 1915 begann der Feldzug gegen Serbien, einen Monat später war er vorüber. Die Serben hatten dem massierten Angriff der deutschen, österreichisch-ungarischen und bulgarischen Kräfte nichts entgegensetzen können. Die Kriegsgefangenen, die in die Hände der Mittelmächte fielen, sprachen für sich. Sie verkörperten tiefstes menschliches Elend. „Das war in Fetzen gehüllter Hunger und seelische Not. Die Reste der geschlagenen, flüchtenden Armee hatten auf ihrem Rückzug unvorstellbar Grauenhaftes erlitten. Dieser Zusammenbruch war, jenseits der Frage nach Sieg oder Niederlage, eines der erschütternden Dramen des großen Krieges", notierte Hauptmann Hesshaimer, der ausgeschickt worden war, um seine Eindrücke für das Kriegspressequartier zu zeichnen und zu malen. Den Resten der serbischen Armee blieb nur der Weg nach Montenegro.

8   Über die Kriegsziele

Am 6. November trafen sich Falkenhayn und Conrad abermals im deutschen Hauptquartier in Pleß. Eines der Hauptgesprächsthemen war die Zukunft des Balkanraums nach der Niederlage Serbiens. Es ging um die Rückführung der geflohenen serbischen Bevölkerung, die Inbetriebnahme wichtiger Fertigungsstätten, vor allem der Rüstungsbetriebe in Kragujevac. Die Generalstabschefs stimmten darin überein, daß Bulgarien in Serbien elf Divisionen als Besatzungstruppen unterhalten sollte, während sich Deutschland und Österreich-Ungarn auf jeweils fünf Divisionen beschränken wollten. Viel wichtiger war jedoch die Erörterung der Frage, ob man sich damit begnügen sollte, Serbien zu besetzen, oder ob man weiter nach dem griechischen Mazedonien vorstoßen sollte, vor allem nach Saloniki, wo mittlerweile ein alliiertes Korps unter Bruch der griechischen Neutralität eine Front aufzubauen bemüht war. Außerdem wollte Conrad noch Montenegro in die Knie zwingen. Im Gegensatz zu Conrad sah Falkenhayn das Ziel des Feldzugs mit der Niederwerfung und Besetzung Serbiens erreicht. Die Bulgaren sollten in der Folge das serbisch-mazedonische Gebiet kontrollieren, was einer Verdoppelung der bulgarischen Machtsphäre gleichkam.

Im Verlauf des November zog Falkenhayn acht der zehn eingesetzten deutschen Divisionen vom Balkan ab – mehr als man schließlich in Pleß vereinbart hatte – und nahm damit Conrad einfach das Instrument weg, das ihm die Fortsetzung des Feldzugs ermöglicht hätte. Wohl wurde noch Ende November gemeinsam die Vertreibung der Ententetruppen aus dem südserbischen Raum bewerkstelligt, doch dann durften weder deutsche noch bulgarische Truppen die griechische Grenze überschreiten und bewahrten damit die Alliierten vor einer wahrscheinlich schweren Niederlage und Griechenland davor, Kriegsgebiet zu werden. Dahinter verbarg sich aber auch die Tatsache, daß Falkenhayn vor allem aus politischen Gründen nicht anders handeln konnte, da der deutsche Kaiser dem griechischen König Konstantin I. das feierliche Versprechen gegeben hatte, daß keine deutschen und bulgarischen Truppen griechischen Boden betreten würden. Conrad aber wollte noch nicht aufgeben. Er teilte Falkenhayn mit, daß er – entgegen seinen ursprünglichen Absichten – eine Unternehmung unter dem Oberbefehl des AOK plane, und als Falkenhayn das als nicht notwendig bezeichnete und seinerseits die Entsendung von zwei k. u. k. Divisionen an die Westfront forderte, lehnte Conrad dies rundweg ab. Daraufhin wollte Falkenhayn nicht nur keine deutschen Truppen für die Südwestfront zur Verfügung stellen, sondern verlangte auch die Ablöse der deutschen Truppen an der russischen Front und deren Ersetzung durch k. u. k. Truppen, um zusätzliche österreichisch-ungarische Truppen in

Rußland zu binden und dadurch einen Alleingang der Österreicher gegen Montenegro und vor allem gegen Italien unmöglich zu machen. Mit dieser Kontroverse, die zum Schluß nur mehr schriftlich geführt wurde, hatte das Verhältnis der beiden Generalstabschefs nicht ganz überraschend einen Tiefpunkt erreicht. Die Auffassungsunterschiede waren einfach zu groß. Da beide Generalstabschefs außerdem meinten, vom anderen beleidigt worden zu sein, kam es zu einem regelrechten Bruch.

Die Entfremdung der beiden Generalstabschefs trat gerade in dem Augenblick ein, als die Mittelmächte einen ihrer größten Erfolge errungen hatten und sich die Jahresbilanz durchaus sehen lassen konnte. Daran änderten auch heftige Angriffe der Russen nichts, die sich zur sogenannten Neujahrsschlacht steigerten. Sie dauerte vom 20. Dezember 1915 bis zum 26. Jänner 1916. Diesmal errangen die k. u. k. Armeen sehr wohl einen bemerkenswerten und im AOK mit besonderer Befriedigung aufgenommenen Abwehrsieg. Die Zuversicht und das Vertrauen in die Leistungsfähigkeit der k. u. k. Truppen stiegen wieder gewaltig an.

Conrad war sich sehr wohl bewußt, daß das russische Heer damit noch lange nicht aus dem Feld geschlagen war, und erwartete sich für das Frühjahr eine neue große Offensive. Dennoch hatte er allen Grund, zuversichtlich zu sein. Auf dem russischen Kriegsschauplatz stand es gut, und die von ihm gegen den Willen der Deutschen begonnene Offensive zur Eroberung Montenegros und damit zur Vertreibung der Reste des serbischen Heeres vom Balkan schien voll zu glücken.

Die Niederlage Serbiens beflügelte die Diskussion um die Kriegsziele Österreich-Ungarns. Conrad hatte sich bereits im Herbst 1915 mit mehreren Denkschriften zu Wort gemeldet. Seine Überlegungen hatten freilich einen Siegfrieden zur Voraussetzung. In seiner Silvesterdenkschrift skizzierte Conrad das künftige Schicksal Polens, Serbiens, Montenegros und Albaniens, und auch im Fall Italiens war mittlerweile die Feststellung zu treffen, daß es keinen Frieden auf Basis des Status quo geben sollte. Für Conrad, aber auch viele andere Denkschriftenschreiber war nicht mehr von Sonderfrieden mit Rußland oder Serbien die Rede; jetzt ging es um Sieg und Niederwerfung. Und als sich der Minister des Äußern Burián und Kriegsminister Krobatin mit moderateren Vorschlägen einstellten, wandte sich Conrad direkt an den Kaiser, um seine Position zu verteidigen. Dabei betonte er aber, daß die Ausgestaltung des Bündnisses mit Deutschland eine unverzichtbare Voraussetzung dafür sei, daß man sich dieses Siegespreises auch würde erfreuen können.

Eine Sitzung des gemeinsamen Ministerrats am 7. Jänner 1916 gab Gelegenheit, die Frage der Waffenstillstands- und Friedensbedingungen im Fall Serbiens und Montenegros durchzusprechen, wobei Conrad keinen Zweifel über die weitgehenden Forderungen der Militärs aufkommen ließ. Die Zuversicht des AOK gründete in den Abwehrerfolgen an der russischen Front und vor allem darin, daß – wie Conrad schrieb – der „Hinterhof, der Balkan, praktisch leergefegt" worden war. Conrad verlangte den Verlust der Eigenstaatlichkeit Montenegros und dessen vollständigen Anschluß an die Habsburgermonarchie. Burián hingegen plädierte für dessen Weiterbestand und wollte Conrad nur die militärisch allernotwendigsten Gebiete zugestehen. In Teschen, dem Sitz des AOK, machte man allerdings sehr weitgehende militärische Notwendigkeiten geltend. Und die bedingungslose Kapitulation Montenegros sollte dazu die Handhabe bieten. Am 11. Jänner 1916 wurde dann der spektakulärste militärische Erfolg im Kampf mit der montenegrinischen Armee errungen: Die k. u. k. 47. Infanteriedivision eroberte das Massiv des Lovćen. Die Montenegriner boten daraufhin Waffenstillstandsverhandlungen an. Conrad aber ließ dem Kommandanten der k. u. k. 3. Armee, General Kövess, umgehend telegrafieren, daß die Operationen fortzusetzen wären.

Am 13. Jänner überbrachten montenegrinische Offiziere dem k. u. k. XIX. Korps ein Handschreiben König Nikolas I., das an Kaiser Franz Joseph gerichtet war, in dem er um die Einstellung der Feindseligkeiten und einen ehrenvollen Frieden bat. Doch auch der Kaiser rückte von der Forderung nach einer bedingungslosen Kapitulation nicht ab. Vier Tage später langte dann ein Telegramm ein, in dem Montenegro bekanntgab, daß es sich allen Bedingungen Österreich-Ungarns unterwerfe und die Waffenstreckung anbiete. Nach einem kurzen Geplänkel mit montenegrinischen Truppen, die auf eigene Faust weiterkämpfen wollten, kam es schließlich am 23. zur vollständigen Kapitulation. Im selben Augenblick aber löste sich die innere Ordnung des Landes vollständig auf. König und Regierung flohen. Die Armee kapitulierte oder setzte sich nach Albanien ab. Es war zeitweilig nicht einmal jemand da, mit dem man verhandeln konnte.

Für die k. u. k. Truppen ging es nun weiter nach Albanien. Das k. u. k. XIX. Korps verfolgte die Serben in den Raum Skutari, wo es noch zu einer kurzen Gegenwehr und schließlich zur Kapitulation kam. Auch in Albanien fehlte eine Zentralmacht. Folglich rückten die k. u. k. Truppen weiter nach dem Süden und schließlich über den Fluß Shkumbini vor, bis sie auf italienische Truppen stießen und diese bei Valona einschlossen.

Die Erfolge wirkten so nachhaltig auf die labile Stimmung des österreichischen Generalstabschefs, daß er jenen Schritt setzte, den man schon seit Wochen erwartet hatte: Er richtete am 22. Jänner 1916 ein Versöhnungsschreiben an Falkenhayn. In der Folge kam es anläßlich der Geburtstagsfeier Kaiser Wilhelms am 26. Jänner 1916 nicht nur zu einem Treffen der Erzherzöge Karl und Friedrich mit dem deutschen Kaiser, sondern auch zu einer Begegnung der Generalstabschefs in Pleß. Allerdings blieb es bei recht allgemeinen Erörterungen. Conrad und Falkenhayn signalisierten sich letztlich nur, daß sie sich mit ihren Auffassungen über die nächsten strategischen Ziele nicht näher gekommen waren. Kaiser Wilhelm wie Falkenhayn meinten, man sollte doch König Nikola wieder auf seinen Thron lassen, Conrad brachte Gegenargumente vor: Auf dem Balkan müßte es eine Neuordnung geben. Im Falle Rußlands erhob sich die Frage, wie sich der Krieg an dieser Front entwickeln würde; dann erst wäre konkret über Friedensbedingungen zu sprechen. Im Falle Italiens sprach sich Falkenhayn auch weiterhin gegen eine Offensive aus, war aber bereit, darüber nochmals nachzudenken. Irgendwo, so meinten schließlich alle, müßte sich doch die Chance bieten, einen weiteren Gegner aus der Front der Ententemächte herauszubrechen. Fragte sich nur: wo?

9 Südtirol und Luck

Trotz der Niederwerfung Serbiens und Montenegros zeichnete sich Anfang 1916 noch kein Ende des Krieges ab. Die Menschen und die Kräfte schienen zu versickern, weshalb es zur Gärung und schließlich zur Radikalisierung kam. Am 11. Mai fanden in Wien die ersten Hungerkrawalle statt. Auch das Geld reichte nicht mehr aus, und am selben Tag erhöhte der Wiener Magistrat zahlreiche Gebühren auf teils drastische Weise. Nach nicht einmal zwei Kriegsjahren und angesichts einer immer bedrohlichere Ausmaße annehmenden Unterversorgung und Teuerung war das ein Alarmzeichen, und jeder war sich darüber im klaren, daß dies unmittelbare Folgen haben mußte. Die Unmöglichkeit, eine militärische Entscheidung herbeizuführen bzw. einen Waffenstillstand oder Frieden zu schließen, das immer bedrohlicher werdende Ausgreifen des Krieges durch die absehbare Einbeziehung der USA, aber vor allem die immer spürbarer werdende Wirkung der britischen Blockademaßnahmen, die auch durch strenge Bewirtschaftungsmaßnahmen nicht ausgeglichen werden konnten, trugen das Ihre dazu bei.

Auch die nationale Komponente trat nun zunehmend in den Vordergrund. Emigrantenorganisationen versuchten, auf dem Weg der Propaganda und unter Einschaltung möglichst vieler Gelehrter, vornehmlich Historiker, in den Ländern der Entente eine gegen die Habs-

DIE ERNÜCHTERUNG

burgermonarchie gerichtete Stimmung zu erzeugen, und sie taten dies mit einer bemerkenswerten Skrupellosigkeit. Was in der Emigration gedacht wurde und was sich im Schoß der Alliierten als Meinungswandel vollzog, konnte freilich nur dann über das Stadium reiner Spekulation hinausgeraten, wenn auch die Möglichkeit der Umsetzung gegeben war. Daher konzentrierte sich wieder alles auf die Fronten, da letztlich dort die Entscheidungen fallen mußten.

An der italienischen wie an der russischen Front schien es bis Mai 1916 keine dramatischen Veränderungen zu geben. Conrad verfolgte bei seinen Planungen allerdings hartnäckig den Gedanken einer Offensive gegen Italien und war über das Widerstreben Falkenhayns regelrecht aufgebracht. Zwar war auch Conrad der Ansicht, daß die Entscheidung in Frankreich fallen werde, er hielt es jedoch für notwendig, die Angriffe aufeinander folgen zu lassen, zunächst in Italien und erst nach dessen Niederwerfung in Frankreich. In der Italienoffensive sah er die unerläßliche Vorstufe für die Kriegsentscheidung. Er mochte mit seiner Auffassung auch durchaus recht haben, daß vor einer Niederwerfung Italiens Österreich-Ungarn an keiner Front Truppen freimachen könnte, um Deutschland zu unterstützen. Doch Falkenhayn hatte sich mittlerweile entschlossen, bei Verdun anzugreifen und die Franzosen auszubluten. Am 12. Februar 1916 übersiedelte das deutsche Große Hauptquartier von Pleß nach Mézières und Charleville in Belgien.

Mittlerweile hatte Conrad von Wien Zustimmung für eine Offensive gegen Italien erhalten. Als schon die konkreten Vorbereitungen begonnen hatten, versuchte Conrad nochmals, Falkenhayn von der Notwendigkeit einer gemeinsamen Offensive zu überzeugen. Aber auch die letzte Unterredung am 3. Februar führte zu keinem Ergebnis. Conrad wurde noch immer nicht von den Vorbereitungen für einen Großangriff bei Verdun informiert und erfuhr erst Tage später davon. Umso mehr sah er sich darin bestärkt, nun auch seinerseits den Verbündeten vor vollendete Tatsachen zu stellen.

Zunächst wurde das Zusammenziehen der Truppen geplant. Sie sollten von der Tiroler, der Nordost- und vor allem auch von der Isonzofront genommen werden und zwei Armeen bilden. Das Kommando wurde Erzherzog Eugen übertragen. Aufgrund wetterbedingter Schwierigkeiten war allerdings ein früher Angriffstermin illusorisch geworden. Anfang März war viel Schnee gefallen; in den Senken lag er bis zu vier Meter hoch. Nicht weniger als 1237 Mann wurden während dieser Zeit von Lawinen verschüttet; nur knapp die Hälfte konnte lebend geborgen werden. Auch der Plan, am 11. April anzugreifen, mußte aufgrund starken Schneefalls aufgegeben werden. Sosehr man bisher gehofft hatte, den Aufmarsch geheimhalten zu können, mußte man nun einsehen, daß jegliche Tarnung nur mehr Farce war. Und gerade in dieser Zeit gelang den Italienern ein spektakulärer Erfolg in den Dolomiten: Sie sprengten nach monatelanger Vorbereitung den Gipfel des Col di Lana. Es war dies die erste große Minensprengung des Gebirgskrieges. Von den 280 Mann Besatzung des Tiroler Kaiserjägerregiments Nr. 2 wurden mehr als hundert unter den Felstrümmern begraben. Der markante Gipfel gehörte jetzt den Italienern. Während Conrad dies mit den Worten „die Verteidigung von Tirol ist ziemlich passiv" abtat, entstand in Wien enorme Aufregung.

Dem Heeresgruppenkommando Erzherzog Eugen, dem die Ungeduld des AOK ungeheuer zu schaffen machte, riß schließlich der Geduldsfaden. Feldmarschalleutnant Krauß, der Generalstabschef der Heeresgruppe, fragte am 23. April an, ob nicht vielleicht jemand von Teschen kommen wollte, um sich von der Unmöglichkeit zu überzeugen, die Offensive zu beginnen. Doch Conrad blieb dabei, von Österreichisch-Schlesien aus den Krieg gegen Italien zu führen.

Am 8. Mai setzte dann nochmals eine Truppenverschiebung ein, um der Tatsache Rechnung zu tragen, daß den Italienern die österreichische Angriffsabsicht nicht verborgen geblieben war und sie laufend Verstärkungen heranführten. Am 15. Mai begann schließlich die Südtiroloffensive, die noch immer aus einem Gefühl der Rache für den Kriegseintritt Italiens als „Strafexpedition" bezeichnet worden war. Es begann damit auch ein in der Geschichte wohl einmaliger Versuch, mit zwei Armeen, also einer ganzen Heeresgruppe, im Hoch- und Mittelgebirge eine große Operation zu versuchen und nach dem Süden in die venetianische Ebene und die Niederungen des Po vorzustoßen. Die beiden Armeen waren zusammen rund 157.000 Mann stark; die gegenüber stehenden Italiener der 1. Armee zählten 114.000 Mann. Von einer eindeutigen Überlegenheit konnte also kaum die Rede sein. Die Wucht des österreichisch-ungarischen Angriffs war jedoch derart gewaltig, daß die Italiener nirgends standhalten konnten und in allen Abschnitten zurückweichen mußten. Das k. u. k. XX. Korps, dessen Kommando dem Thronfolger Erzherzog Karl übertragen worden war, hatte am fünften Angriffstag sein erstes Operationsziel, das Asticotal, erreicht. Damit war die Möglichkeit zum Durchbrechen in die Ebene gegeben. Eines wurde aber rasch zum Problem: Aufgrund eines Befehls des Heeresgruppenkommandos sollte möglichst schonend mit Menschenleben umgegangen werden, was dazu führte, daß, statt vorwärts zu stürmen und jede sich bietende Chance zu nützen und die Italiener zu verfolgen, nur zögernd nachgerückt wurde. Es traten zudem immer wieder Stockungen ein, da versucht wurde, die Artillerie nachzuziehen und eine systematische Feuervorbereitung zu beginnen. Doch in dem unwegsamen Gelände kam es dadurch zu enormen Verzögerungen. Der Schwung der Offensive ging immer mehr verloren. Noch aber ging es vorwärts, und in Teschen war man sehr zuversichtlich, daß das Durchstoßen in die Ebene gelingen würde. Dann sollte auch die k. u. k. 5. Armee am Isonzo zur Offensive übergehen und die Entscheidung herbeiführen. Doch mit der Verlangsamung der österreichischen Offensive, die teilweise selbst verschuldet war, konnten die Italiener Zeit gewinnen und mit Hilfe ihres dichten Eisenbahnnetzes eine gewaltige Truppenverschiebung in Gang setzen. Sie wußten genau, daß der Krieg auf des Messers Schneide stand – und vielleicht ist er wirklich am Pasubio und am Monte Meletta für die Mittelmächte verlorengegangen. Man stelle sich vor, das Conrad'sche Konzept wäre aufgegangen, 250.000 Italiener eingeschlossen und Italien niedergeworfen worden!

In den letzten Maitagen aber machten die beiden k. u. k. Armeen nur mehr geringe Fortschritte. Und schließlich konnten die Italiener die letzten Gebirgsstöcke vor dem Austritt in die Ebene bei Bassano und Thiene behaupten. Doch nicht nur das. In weiterer Folge wurden die Österreicher nicht nur am Austritt in die Ebene gehindert, sondern in einigen Abschnitten sogar zurückgedrängt. Das AOK sandte weitere Verstärkungen. Eine Division sollte von Boroevićs 5. Armee kommen; die Entsendung einer weiteren kriegsstarken Division von der russischen Front wurde in Aussicht gestellt. Ob sie auch verfügbar gemacht werden konnte, mußte sich aber erst weisen, denn in Rußland hatte sich mittlerweile eine ganz andere Krise abzuzeichnen begonnen.

Schon am 6. Dezember 1915 hatten sich auf Einladung des französischen Generalissimus, General Joffre, in dessen Hauptquartier in Chantilly hohe Vertreter der alliierten Oberkommanden zusammengefunden, um die Kriegspläne für 1916 zu besprechen. Sie waren übereingekommen, nach dem März 1916 zum frühestmöglichen Zeitpunkt gleichzeitige Angriffe gegen die Fronten der Mittelmächte zu führen. Durch den Beginn des deutschen Angriffs auf Verdun am 21. Februar war die alliierte Zeitplanung allerdings durcheinandergekommen. Es konnte nur versucht werden, Entlastungsoffensiven zu beginnen. Die Italiener taten dies mit wenig Erfolg in der fünften Isonzoschlacht. Und auch die Russen erlitten beim Versuch, die Zusage von Chantilly zumindest teilweise einzulösen, bei ihren Angriffen gegen das deutsche Ostheer in der Schlacht am Narocz-See zwischen dem 18. März und Ende April eine schwere Niederlage. Die Offensive war schlecht vorbereitet gewesen und nur deshalb durchgeführt worden, um durch den Druck auf die deutsche Front eine Entlastung der Franzosen in Verdun zu bewirken. Doch dann übernahm Aleksej Brusilov die russische Südwestfront, ein General, der mit einer ganz anderen Befähigung ans Werk ging als sein Vorgänger. Außerdem bekam er genügend Zeit, um seine Offensive vorzubereiten.

DIE ERNÜCHTERUNG

Brusilov hatte den österreichisch-ungarischen Truppen schon mehrfach zu schaffen gemacht. Im Herbst 1914 war er über Lemberg nach Westen vorgestoßen, hatte die k. u. k. 3. Armee zertrümmert und Przemyśl das erste Mal eingeschlossen. Dann trug er dazu bei, die drei Offensiven der Mittelmächte in den Karpaten zum Scheitern zu bringen. Und nun sollte er die Rückschläge des Jahres 1915 vergessen machen.

Zehn Tage nach dem Beginn der Südtiroloffensive wurde bei Brusilov drängend nachgefragt, wann er mit seiner Offensive beginnen konnte, da das italienische Oberkommando angesichts der drohenden und möglicherweise kriegsentscheidenden Niederlage um eine Entlastungsoffensive gebeten hatte. Der Beginn der Offensive wurde schließlich mit 4. Juni festgelegt, und sie begann mit einem unerwartet schweren Trommelfeuer. Das Artilleriefeuer war so heftig, daß k. u. k. Truppen, die bis dahin noch nie im Feuer gestanden waren, bald am Ende ihrer nervlichen Kraft waren. An der Westfront wäre ein stundenlanges Trommelfeuer nichts Außergewöhnliches gewesen, doch im Osten war es für viele ein Novum. Als dann die russischen Sturmtruppen aus kurzer Entfernung aus den Gräben stiegen und losrannten, gelang es ihnen, die erste k. u. k. Linie im Sturm zu überwinden; die zweite Linie wurde bezogen und schließlich auch der Rückzug auf die dritte Stellung begonnen. Die Führung der Armee versagte, und auch die Tapferkeit einzelner Kommandanten und Truppen konnte an der Situation nichts ändern. Damit begann das Unheil.

Nachdem Falkenhayn Conrads Bitte um Verstärkung durch Entsendung weiterer deutscher Truppen abgelehnt hatte, brach am 6. Juni die Front der k. u. k. 4. Armee zusammen. Eine Einbuchtung von 75 Kilometern Tiefe und 20 Kilometern Breite war entstanden. Der Heeresgruppenkommandant General Linsingen forderte die Enthebung des Armeekommandanten Erzherzog Joseph Ferdinand. Das AOK schloß sich dem Wunsch nach sofortigem Wechsel an, und am 7. Juni wurde, was ein Novum war, ein Erzherzog mitten während einer Schlacht abgelöst. General Tersztyánszky übernahm an seiner Statt das Armeekommando.

Zum Zeitpunkt des Kommandowechsels bei der 4. Armee griffen die Russen gerade bei Luck an. Der Brückenkopf brach zusammen. Auch südlich davon war den Russen bei ihrem Nebenangriff fast unerwarteterweise ein Durchbrechen der Front bei der ostwärts von Czernowitz und Zaleszczyki stehenden k. u. k. 7. Armee des Generals Pflanzer-Baltin gelungen. Auch da war man zunächst zuversichtlich gewesen, daß es möglich sein würde, dem russischen Ansturm standzuhalten, doch dann ereignete sich das gleiche wie bei der 4. Armee: Während dort das mährische Infanterieregiment Nr. 8 mit großen Teilen zu den Russen übergelaufen war, waren es hier Ruthenen, die scharenweise desertierten. Die Truppen schmolzen dahin,
an einen geordneten, gestaffelten Rückzug war nicht mehr zu denken. Ein großer Teil der Truppen der ersten Linie wurde gefangengenommen, und nach dem Abreißen der Verbindungen existierte keine Gefechtsleitung mehr. Die Armee Pflanzer-Baltin war führerlos. Erst am 11. Juni gelang es wieder, eine neue Front aufzubauen.

Das AOK war zunächst wie gelähmt. Tagelang mußte zugesehen werden, wie sich die Ostfront im Bereich zweier Armeen auflöste und daß allein mit Mitteln der Befehlsgebung nichts mehr auszurichten war. Deutsche Hilfe blieb aus, und zum sofortigen Abbrechen der Südtiroloffensive konnte sich Conrad nicht durchringen, denn da floß ganz einfach zu viel Emotion ein: Vernichtung des italienischen Heeres und Bestrafung des „perfiden" ehemaligen Bündnispartners. Doch was nützten nun die wildesten Spekulationen und kühnsten Pläne. Es mußte gehandelt werden. Statt noch zusätzliche Kräfte in die Offensive nach Bassano zu investieren, wurden zwei Divisionen nach Rußland umgeleitet. Unerwarteterweise sprang aber nun auch Falkenhayn ein, dirigierte eine Division vom Oberkommando Ost zur Heeresgruppe Linsingen und kündigte zwei weitere Divisionen vom Westen an. Allerdings wollte er auch wissen, was Conrad tat, um die Krise zu meistern. Darum bat er ihn am 8. Juni zu einer dringenden Besprechung nach Berlin. Für Conrad bedeutete dies einen Canossagang, denn er hatte nichts mehr zu geben und konnte nur noch bitten. Trotz der mißlichen Lage bot Falkenhayn nicht sehr viel an, vor allem nichts, was seine eigenen Pläne bei Verdun und an der Somme gefährden konnte. Conrad blieb daher nur der Abbruch der Südtiroloffensive.

Am 10. Juni erlitt die 7. Armee Pflanzer-Baltins in der Schlacht an der Okna eine weitere schwere Niederlage. Das gab den Ausschlag: Die Südtiroloffensive wurde nicht nur eingestellt, es wurde der schleunigste Abtransport von Truppen und Artillerie an die russische Front befohlen. Dort ging die Brusilov-Offensive weiter, sparte die Deutschen aus, traf immer wieder die k. u. k. Truppen, drängte sie zurück, zersprengte sie und stellte ihre Führbarkeit in Frage. Um diese wieder sicherzustellen, wurden General Linsingen und seiner Heeresgruppe immer mehr österreichisch-ungarische Großverbände unterstellt, so daß sich der deutsche Befehlsbereich schlagartig ausweitete.

Ein Ende der Katastrophe war aber noch immer nicht abzusehen. Eine erste, noch vorsichtige Bilanz der Verluste bei den beiden von der Brusilov-Offensive betroffenen k. u. k. Armeen ergab den Abgang von rund 200.000 Soldaten. Czernowitz, die Hauptstadt der Bukowina, mußte ein weiteres Mal den Russen überlassen werden. Conrad sah sich daraufhin zu einem zweiten Canossagang gezwungen. Er fuhr erneut nach Berlin, um die notwendigen Operationen zu besprechen. Der Plan, den er Falkenhayn unterbreitete, eine Wiederholung der Durchbruchsschlacht von Tarnów-Gorlice in einer anderen Gegend, würde sich wohl nicht realisieren lassen, aber Falkenhayn war sich nun dessen bewußt, daß nur eine größere gemeinsame Offensive Erfolg haben konnte. Er machte sogar einen etwas überraschenden Vorschlag, der anscheinend auf die Empfindlichkeit des Bündnispartners Rücksicht nahm: Die neu zu bildende Heeresgruppe sollte unter den Befehl des österreichischen Thronfolgers gestellt werden, mit Seeckt als Generalstabschef. Kaiser Franz Joseph willigte nach einer Unterredung mit Conrad in die Ernennung Erzherzog Karls zum Kommandanten der 12. Armee ein. Da dieser Armee die k. u. k. 7. Armee und die deutsche Südarmee unterstellt wurden, führte Erzherzog Karl somit de facto drei Armeen.

Die nun folgenden Angriffe der Heeresgruppe Linsingen und die Versuche, Pflanzers Armee wieder vorzubringen, schlug jedoch fehl. Auch die dorthin verschobenen deutschen Divisionen und Korps drangen nicht durch. Das mochte zwar den Österreichern ein gewisser Trost sein, führte aber dennoch zu vermehrten Spannungen, da immer wieder der eine die Schuld auf den anderen schob. Es war jedoch offenkundig, daß es vor allem die k. u. k. Truppen waren, bei denen es Rückschläge gab. Brody ging verloren, die 4. Armee erlitt neuerliche Schlappen, die 2. Armee geriet in die Krise und Pflanzer wurde auf die Karpaten zurückgedrängt. Jetzt schien es abermals um Ungarn zu gehen.

Doch es war ein ganz anderer Abschnitt der Ostfront, wo sich Entscheidendes vorbereitete, nämlich der Raum nördlich des Pripjet um Baranoviči. Dort war die russische 4. Armee zur Offensive übergegangen, war aber im Gegensatz zu Brusilov nicht erfolgreich. Das schien die Auffassung zu erhärten, bei Hindenburg, Ludendorff und Woyrsch könnte nichts dergleichen passieren wie bei Friedrich, Conrad, Pflanzer und den anderen „Kameraden Schnürschuh". Und damit erhielten jene Auftrieb, die eine Unterstellung der gesamten k. u. k. Nordostfront unter einen deutschen Befehlshaber forderten, wobei es festzuhalten gilt, daß diese Forderung am Wiener Hof und bei vielen österreichisch-ungarischen Politikern durchaus Unterstützung fand.

Aber auch im Deutschen Reich gärte es. Falkenhayn, der wegen der schlechten Lage um Verdun und nach Beginn der alliierten Gegenoffensive an der Somme eine starke Einbuße an Prestige und Einfluß zu verzeichnen hatte, mußte den Forderungen nach mehr Macht für Hindenburg und das „Ober Ost" nachgeben. Auch der deutsche Reichskanzler Bethmann Hollweg arbeitete konsequent an der Ausweitung des Einflusses von Hindenburg und wies wiederholt auf die magische Kraft des Namens Hindenburg hin, so daß Falkenhayn schließlich nichts anderes übrigblieb, als Kaiser Wilhelm die Bildung einer „Hindenburg-Front" im Osten vorzuschlagen. Das Oberkommando Ost stellte schließlich den formellen

DIE ERNÜCHTERUNG

Antrag auf Unterstellung sämtlicher Truppen der Mittelmächte und versuchte das dem AOK damit schmackhaft zu machen, daß ausgiebige deutsche Unterstützung für Wolhynien und Galizien in Aussicht gestellt wurde.

Conrad stemmte sich mit Vehemenz gegen eine derartige Neuregelung. Aber hatte er überhaupt noch einen Spielraum? Die österreichisch-ungarische Nordostfront stand vor dem Zusammenbruch. Es kam zu Munitionsengpässen, und erstmals schienen auch nicht mehr genug Soldaten verfügbar zu sein. Zigtausende waren gefallen oder nicht mehr frontdiensttauglich, die Zahl der Desertionen nahm ständig zu. Bei Gesamtverlusten der k. u. k. Truppen infolge der Brusilov-Offensive von 475.000 Mann zählte man nicht weniger als 226.000 Kriegsgefangene. Die Soldaten hatten das Vertrauen in ihre Vorgesetzten verloren, das Ministerium des Äußern jenes in Conrad. Für 18. Juli wurde Conrad erneut zu einer Konferenz nach Berlin eingeladen, aber auch diesmal kam es zu keinem greifbaren Ergebnis.

Als die Russen in die Stellungen der k. u. k. 1. Armee einbrachen und die russische 8. Armee am 28. Juli die k. u. k. 4. Armee angriff und damit einen neuerlichen Offensivstoß begann, wurden die Deutschen wieder aktiv. Die „Hindenburg-Front" nahm Gestalt an. Und wieder war das Phänomen zu beobachten, daß allein die Anwesenheit der deutschen Truppen die Einstellung der russischen Angriffe nach sich zog.

Doch dies alles konnte eines nicht bewirken, nämlich den Kriegseintritt Rumäniens auf seiten der Entente zu verhindern. Am 9. August wurde eine Radiodepesche abgefangen, die besagte, daß Rumänien am 14. August einen Vertrag mit den Ententemächten unterzeichnen würde. So konnte man sich ausrechnen, daß die Kampfhandlungen nach dem 20. August beginnen würden. Doch welche Truppen sollte man gegen Rumänien einsetzen? Die Ersatzmannschaften, von denen nicht sehr viel gehalten wurde? Die wenigen Deckungstruppen und junge, kaum ausgebildete Soldaten? Auch zwei türkische Divisionen kamen jetzt an die Ostfront. Überall, wo es prekär wurde, wurden deutsche Truppen eingeschoben. Und für Österreich-Ungarn war mittlerweile auch die Lage an der Südwestfront wieder bedrohlich geworden, da die Italiener ihre Isonzoschlachten wiederaufgenommen hatten und der Fall von Görz drohte.

Am 29. Juni hatte östlich von Gradisca der erste österreichisch-ungarische Giftgasangriff stattgefunden mit dem Ziel, das Isonzoufer zu gewinnen. Die Italiener waren völlig überrascht worden; sie hatten zu wenige Gasmasken. Unter den Verlusten von über 6000 Mann waren daher vornehmlich Gaskranke. Dennoch konnten die Österreicher ihr Ziel nicht erreichen. Als sich die Italiener von dem Schock erholt hatten, setzte Cadorna mit der 3. Armee zur nächsten Isonzoschlacht an, die endlich die Entscheidung bringen sollte. Die österreichisch-ungarische Führung konnte sich weder über die Stärke der Italiener noch über den Zeitpunkt des Angriffs Klarheit verschaffen. Boroevićs Armee war außerdem durch die Abgaben nach Südtirol geschwächt worden. Tatsächlich erlebten die seit Mai 1915 am Isonzo kämpfenden k. u. k. Truppen in der nun folgenden 6. Isonzoschlacht die ersten schweren Geländeverluste. Den Italienern gelang es nach zweitägigen Sturmversuchen, am 8. August nach Görz einzubrechen und die k. u. k. 58. Infanteriedivision zur Räumung der Stadt zu zwingen. Auch die beherrschenden Höhen des Monte Sabotino und Monte San Michele gingen verloren. Am 17. August stellte die italienische 3. Armee ihre Angriffe ein. Die Verluste waren wieder außerordentlich hoch gewesen und betrugen jeweils rund 50.000 Mann an Toten, Verwundeten, Gefangenen und Vermißten.

Der Verlust von Görz wurde als Katastrophe empfunden, da der Stellungskrieg am Isonzo den Italienern bis dahin kaum Bodengewinn gebracht hatte. Jetzt war Triest bedroht.

Der Eindruck in Wien und beim AOK war gleichermaßen verheerend. Görz schien wichtiger zu sein als irgend etwas an der russischen Front oder der Kriegseintritt Rumäniens. Die Deutschen schienen wieder die einzigen Retter, und es war nicht verwunderlich, daß es im AOK, aber auch bei sehr vielen Kommandanten und Offizieren an der Front beträchtliche Sympathien für die Deutschen gab, da diese viel mehr

DIE SÜDTIROLOFFENSIVE
(Mai bis Juni 1916)

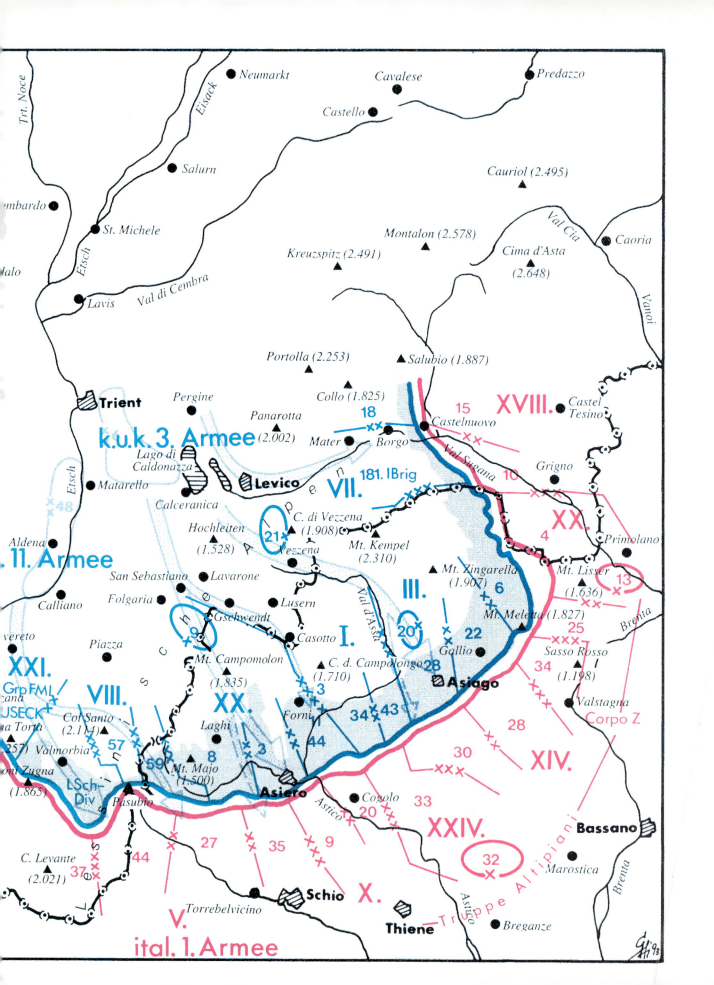

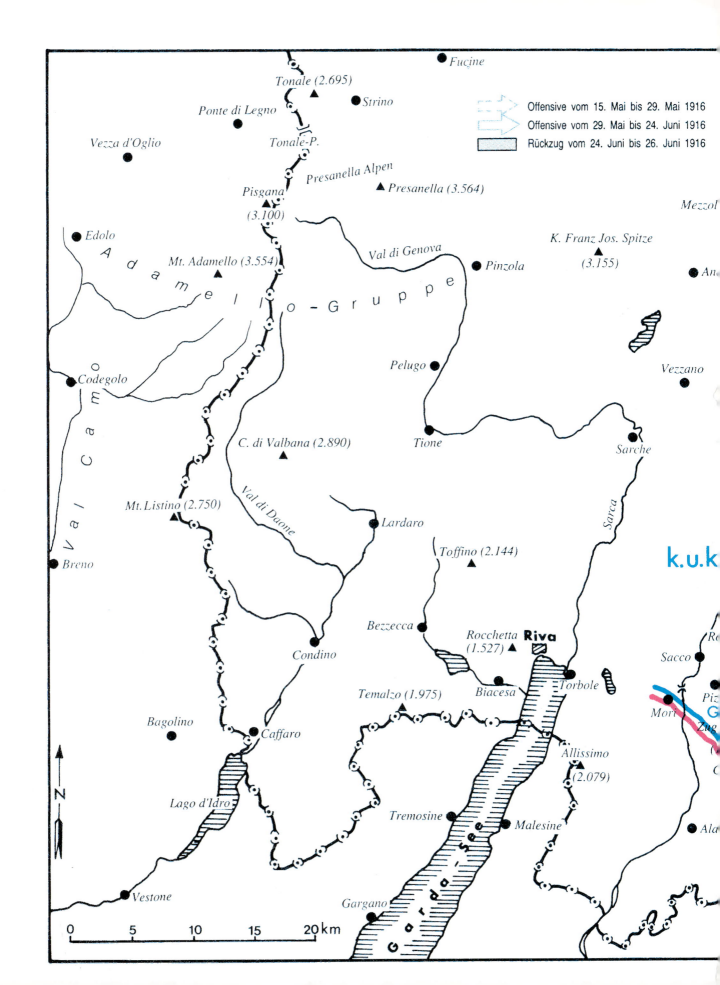

Zuversicht ausstrahlten, im Umgang meist sehr angenehm waren und jenes Fluidum hatten, das der Erfolg mit sich bringt. Auch die deutschen Politiker waren angesehener als die österreichischen. Daher konnte es wohl kaum überraschen, daß es in Teschen zu einer Aufspaltung in zwei Lager kam: Menschen wurden nun danach geschieden, ob sie für oder gegen den gemeinsamen Oberbefehl des deutschen Kaisers waren.

Conrad unternahm noch einen letzten Versuch, dem Damoklesschwert seiner Entmachtung zu entgehen, indem er am 27. August dafür plädierte, einen gemeinsamen Kriegsrat zu bilden. Doch dafür konnte er niemanden gewinnen, und schließlich kam es gerade an diesem und dem folgenden Tag zu dramatischen Veränderungen. Italien erklärte dem Deutschen Reich und Rumänien Österreich-Ungarn den Krieg. Rumänien versuchte dabei wie seinerzeit Italien, die Mittelmächte zu dividieren, denn an Deutschland erging keine Kriegserklärung. Da Falkenhayn den deutschen Kaiser ein ums andere Mal informiert hatte, daß von Rumänien keine Gefahr drohe, war er unglaubwürdig geworden. Tags darauf wurde er durch Hindenburg ersetzt. Ludendorff erhielt die Stellung eines Ersten Quartiermeisters.

Sollte Conrad aber gehofft haben, mit der Abberufung Falkenhayns würde sich die Frage der Obersten Kriegsleitung erledigt haben oder zumindest eine Lösung im österreichischen Sinn erfahren, so sah er sich getäuscht.

Der alte Kaiser in Wien, der sich wohl bewußt war, daß er damit einen Teil seiner Rechte als Souverän abtrat und dem deutschen Monarchen einen sichtbaren Vorrang einräumte, gab schließlich seine Einwilligung in die Schaffung der Gemeinsamen Obersten Kriegsleitung, in der letztlich der deutsche Kaiser das alles entscheidende Wort zu reden hatte. Am 7. September 1916 wurde sie Wirklichkeit.

10 Ein Mord und der Tod des Kaisers

Als die Gemeinsame Oberste Kriegsleitung geschaffen wurde, war der Kulminationspunkt des Krieges bereits längst überschritten. Immer wieder aber gab es Ereignisse, die zumindest nachträglich als Wendepunkte zu sehen waren. Solche Punkte waren natürlich nicht mit einem bestimmten Tag zu bezeichnen. Doch zweifellos tat sich von Ende September bis November 1916 Entscheidendes. Österreich-Ungarn gelangte in eine bis dahin nie dagewesene Abhängigkeit gegenüber dem Deutschen Reich. In Cisleithanien wurde der Ministerpräsident ermordet. Und schließlich gab es einen Monarchenwechsel. Es wäre nun zwar reizvoll, an diesen drei Ereignissen die Trias von Polarisierung, Radikalisierung und Totalisierung zu erproben. Aber sie ist – wenn überhaupt – nur in der umgekehrten Reihenfolge anwendbar. Mit der Unterwerfung unter die Deutsche Oberste Heeresleitung wurden auch für Österreich-Ungarn jene im militärischen und rüstungspolitischen Bereich einsetzenden Maßnahmen wirksam, die eine Totalisierung signalisierten.

Vor allem das sogenannte Hindenburg-Programm zur totalen Nutzbarmachung der Rüstungswirtschaft zielte in diese Richtung. Die Ermordung des Grafen Stürgkh kann unschwer als ein Akt der Radikalisierung erkannt werden. Der Tod Kaiser Franz Josephs und die Thronbesteigung Kaiser Karls aber machten den Weg zur Polarisierung frei.

Nichts war mehr so, wie es zu Beginn des Krieges gewesen war. Auch die Gesichter schienen andere geworden zu sein. Die Armee war eine andere geworden. Sie hatte teilweise andere Waffen als noch zwei Jahre zuvor. Im September 1915 waren auch die Uniformen anders, nämlich „feldgrau" geworden; alles wurde einfacher, zweckmäßiger, auf jeden Fall aber billiger. Statt der färbigen Kragenaufschläge wurden nur mehr schmale senkrechte Balken in der Regimentsfarbe angebracht. Im November 1916 wurden dann provisorische Truppenabzeichen aus Wachstuchpatten eingeführt. Rucksäcke ersetzten die Kalbfelltornister, es gab keine Feldbinden mehr und zur Felduniform auch keinen Säbel. Dazu kam ein Brotsack, in dem aber auch häufig Handgranaten Platz fanden. Bei den Offizieren war die steife schwarze Kappe gleich zu Kriegsbeginn verschwunden, die anderen Kennzeichen wurden auf ein Minimum reduziert. Bewaffnet waren sie mit Bajonetten und Pistolen.

1916 wurden erstmals Stahlhelme verwendet, mit denen sich die Soldaten vor Geschoß- und Steinsplittern schützen konnten, doch hatten die ersten noch schwere Mängel, die erst nach und nach behoben wurden; das Gewicht war über 1,3 Kilogramm. Wurde ein zusätzlicher Stirnschild auf den Helm aufgesteckt, kamen noch 2,4 Kilogramm hinzu.

Der Einsatz von Reiz- und Giftgas hatte dazu geführt, daß die Soldaten des Feldheeres mit deutschen Gasmasken ausgestattet wurden, die man in Blechbüchsen mit sich trug. Der Dreischichtfilter dieser Masken schützte allerdings nur eine Stunde; dann mußte der Reservefilter eingesetzt werden.

Die Hauptbewaffnung war ein Steyr-Mannlicher-Gewehr M(uster) 95. Dazu kamen 1915 noch 1,4 Millionen russische Gewehre sowie einige „exotische" Gewehrmuster als Lückenbüßer. Im weiteren Verlauf des Krieges wurden immer mehr Maschinengewehre des Musters Schwarzlose 07/12 eingesetzt. Verbesserte Fernmeldeeinrichtungen, Flammenwerfer und große Mengen von Pionier- und Sprengmitteln vervollständigten die Ausrüstung der Infanterie.

Die Kavallerie war größtenteils „abgesessen" und in Uniformierung und Ausrüstung der Infanterie angeglichen worden. Die zahlenmäßig immer stärker werdende Artillerie erhielt viele neue Geschütze; der Pferdezug wurde durch den Motorzug ersetzt.

Die Veränderungen innerhalb des Offizierskorps, das noch bürgerlicher und vor allem „ziviler" geworden war, da die Reserveoffiziere die aktiven Offiziere bei weitem überwogen, hatten auch zur Folge, daß die Reserveoffiziere vor allem bei Truppenkörpern ihrer eigenen Nationalität eingeteilt wurden. Dadurch wurden die Truppenkörper zwar im nationalen Sinn homogener, aber auch für nationalistische Parolen empfänglicher.

Offizieren und Soldaten war aber letztlich eines gemeinsam: Sie waren für die Kriegführung eigentlich nur mehr statistische Größen. Hunderttausende waren gefallen, Millionen verwundet, wieder Hunderttausende kriegsgefangen, vermißt oder desertiert. Ein Krieg der Namenlosen.

Im Inneren der österreichisch-ungarischen Monarchie aber brodelte es heftig. Conrad trug das Seine dazu bei, da er offen zu verstehen gab, daß zwar in Ungarn unter Ministerpräsident Graf Tisza alles Notwendige vorgekehrt worden sei, doch in der österreichischen Reichshälfte hätte Ministerpräsident Graf Stürgkh versagt und schon längst abgewirtschaftet. Andererseits hielt Stürgkh aber genau jenes absolutistische System aufrecht, das den Armeekreisen vorschwebte, und er widersetzte sich dem Ende der Diktatur. Allmählich aber verschob sich das Kräfteparallelogramm immer mehr zuungunsten Stürgkhs, und bald sah es so aus, als hätte er die alleinige Schuld an der Kriegslage.

Die österreichische Regierung sah sich zunehmend und von allen Seiten eingekreist: von den Nationalitäten, ihren Vertretern und Parteien, von der Bevölkerung, die deutlich zu verstehen gab, daß sie den Druck nicht länger zu ertragen gewillt war, von der auswärtigen Politik und schließlich auch von der Militärverwaltung. Doch Stürgkh reagierte nur zögernd. Vor allem konnte er sich nicht dazu durchringen, ohne grundlegende Änderungen den 1914 sistierten Reichsrat für die österreichische Reichshälfte wieder einzuberufen.

Doch nicht nur Conrad übte offen Kritik. Auch in Deutschland versuchte man gezielt, Stürgkhs Ablösung herbeizuführen. Während eines Aufenthaltes des österreichischen Thronfolgers in Berlin, Anfang Oktober 1916, versuchte Kaiser Wilhelm, der schon seit langem danach strebte, Karl als politische Kraft aufzubauen und für Deutschland zu gewinnen, diesem den Gedanken eines aktiven Eingreifens in die Innenpolitik näherzubringen. Mit seiner Hilfe sollten der Minister des Äußern, Graf Burián, und Graf Stürgkh gestürzt werden.

Letzterer hatte zu diesem Zeitpunkt kaum noch jemanden, der sich für ihn zumindest verbal stark machte. Er hatte sich sämtlichen Rücktrittsaufforderungen unzugänglich gezeigt und schien auch durch regelrechte „Absagebriefe" nicht zu beeindrucken. Stürgkh war allein und schien immer zu warten. Er wartete auf einen neuen Ausgleich mit Ungarn bzw. auf die Lösung der polnischen Frage, die die Reichsreform in Gang bringen sollte. Er wartete wohl auch auf ein Votum seines alten Kaisers, des einzigen, dem er sich bedingungslos verpflichtet fühlte. Und er wartete mit der Wiedereinberufung des im März 1914 sistierten Reichsrats; mehr noch: er leistete Widerstand. Seine Sorge dabei war, daß es im Reichsrat zu einer öffentlichen Absage der Nationalitäten an die Monarchie und zu einem sichtbaren Zerfall des Reiches kommen könnte. Und dabei zeigten sich nun die eminente Schwäche und das Dilemma Stürgkhs:

Er konnte sich nicht zu klaren Entschlüssen durchringen und delegierte die Verantwortung auch bei weniger bedeutenden Fragen an andere. So überließ Stürgkh die Entscheidung, ob eine für den 22. Oktober 1916 im Konzerthaus geplante Versammlung zum Thema „Das Parlament" zugelassen werden sollte oder nicht, dem Wiener Polizeipräsidenten Baron Gorup. Dieser entschied sich am 20. Oktober für ein Verbot der Veranstaltung. Tags darauf wurde Stürgkh beim Mittagessen im Hotel „Meisl und Schadn" auf dem Neuen Markt in Wien von Friedrich Adler, dem Sohn des Führers der österreichischen Sozialdemokraten Viktor Adler, erschossen. Drei Monate hatte Adler den Mord geplant. Die Absage der Veranstaltung im Konzerthaus war der letzte auslösende Grund gewesen.

Auch wenn der Tod Stürgkhs gewiß nicht als Dutzendtod bezeichnet werden kann, so war neben dem Entsetzen über das Faktum des Mordes doch auch in den allermeisten Stellungnahmen herauszulesen, daß der Tod nicht wirklich tief ging. Letztlich glaubte man, es sei nur eine Art Hindernis beseitigt worden. Kaiser Franz Joseph schien diese Ansicht jedoch nicht zu teilen, denn er soll auf die Nachricht von Stürgkhs Ermordung gemeint haben, sein Tod sei unvergleichlich schlimmer als eine verlorene Schlacht. Das Reich aber ging eigentlich schon Stunden nach seinem Tod wieder zur Tagesordnung über, denn viel wichtiger war nun die Frage seiner Nachfolge. Ein Mann mit „Energie und Autorität" wurde verlangt.

Zwei Tage nach dem Mord berief der Monarch den gemeinsamen Finanzminister Baron Ernest von Koerber zu sich und äußerte den Wunsch, Koerber solle an die Spitze der neuen österreichischen Regierung treten. Koerber erbat sich zunächst Bedenkzeit, willigte aber schließlich ein. Er bildete zwar wieder eine Art Beamtenkabinett, doch war dieses nun vor allem aus Vertretern maßgeblicher politischer Gruppen zusammengesetzt. Die Regierung Koerber, deren eigentlicher Prüfstein nicht die Einberufung des Parlaments, sondern die Frage der Reichsreform werden sollte, wurde als eine im doppelten Sinne politische Regierung gesehen, da sie sowohl abhängiger von den Parteien war wie sie auch die Umsetzung der von den Parteien vertretenen Standpunkte der Politik versuchte.

Koerber hatte eben erst mit der Neustrukturierung der Politik begonnen, als ein Ereignis mit noch viel weitergehenden Folgen eintrat, als dies der Tod des Grafen Stürgkh gewesen war: Am 21. November starb Kaiser Franz Joseph. Jetzt ging die Erschütterung tatsächlich tief. Der Tod des Kaisers war zwar lange erwartet worden, dennoch wirkte er für viele wie ein Schock, und man betrauerte nicht nur einen Menschen, sondern besonders den Hingang eines unvergleichlichen Symbols, einer integrativen und Autorität ausstrahlenden Persönlichkeit: den alten Kaiser.

Schlagartig galt die Aufmerksamkeit dem neuen Herrscher, Kaiser Karl I., der für Ungarn König Karl IV. war. Als Angehöriger einer erheblich jüngeren Generation wurde er mit jenen Erwartungen konfrontiert, die man immer in eine jüngere, noch unverbrauchte Generation setzt. Alle wollten den Kaiser an seinen Erfolgen messen und konzedierten ihm wenig. Sie orientierten sich an der ersten Proklamation des Monarchen, in der er versprach, den Schrecken des Krieges zum frühestmöglichen Zeitpunkt ein Ende zu setzen und die Segnungen des Friedens seinen Völkern wiederzubringen.

Er trat mit einer Mischung aus Unerfahrenheit, Idealismus, Trotz, persönlichen Präferenzen und Abneigungen seine Herrschaft an. Zudem fiel auf, daß der Thronfolger offenbar den Deutschen keine Sympathie entgegenbrachte. Er wollte versuchen, gegen den Krieg und für den Frieden zu kämpfen, eine möglichst schon durch eine Reichsreform konsolidierte Monarchie heil aus dem Krieg herauszuführen und die deutsche Dominanz abschütteln. Er scheiterte aber an allen drei Aufgaben.

Ministerpräsident Koerber bot dem Kaiser unverzüglich seinen Rücktritt an, wurde aber aufgefordert, seine Arbeit fortzusetzen. Doch Fortsetzen allein genügte nicht; jetzt waren stärkere Eingriffe verlangt und auch möglich geworden. Der große Unterschied bestand eben darin, daß jetzt nicht mehr ein bereits entrückter Herrscher aus seinem Arbeitszimmer in Schönbrunn eine politische und militärische Verantwortung delegierte, sondern ein junger Kaiser überdeutlich die Verantwortung selbst übernahm, persönlichen Einfluß auf die Regierungen beider Reichshälften auszuüben suchte und dadurch auch mit deren Handlungen viel stärker identifiziert wurde als Kaiser Franz Joseph. Karl handelte rasch und zielstrebig, aber auch zu rasch und unüberlegt. Eine seiner ersten Maßnahmen war, daß er sich gegenüber der Armee als deren „Allerhöchster Kriegsherr" auswies und sich der Treue seiner Soldaten versicherte. Das war an sich nichts Außergewöhnliches und ließ sich mit einer geringfügig veränderten Eidesformel durchführen. Am 24. November sollten alle Soldaten der k. u. k. Armee und der Flotte auf den neuen Monarchen vereidigt werden. Am selben 24. November erhielt Conrad jedoch auch die Weisung, einen Armee- und Flottenbefehl zu entwerfen, mit dem der Kaiser den persönlichen Oberbefehl übernehmen wollte. Am 2. Dezember ging der Befehl hinaus.

Im Teschener Hauptquartier war man nach den bereits eingeleiteten Veränderungen beunruhigt. Wer würde weiterhin das Vertrauen des neuen Herrschers genießen, wer würde ausgetauscht werden? Karls Vorgangsweise mutete dabei etwas merkwürdig an. Zunächst beließ er die Leute im Amt, um sie dann wenig später auszutauschen. Um diesen Veränderungen die Schärfe zu nehmen, warf er mit Ernennungen, Ehrungen und militärischen Auszeichnungen nur so um sich. Schon am 23. November hatte er Erzherzog Eugen zum Feldmarschall ernannt. Zwei Tage darauf erhielt Erzherzog Friedrich das Großkreuz des Militär-Maria-Theresien-Ordens. Am selben Tag wurde auch Conrad zum Feldmarschall ernannt. Alle Offiziere, die eine mindestens sechswöchige Dienstleistung an der Front hinter sich hatten, sollten das Karl-Truppenkreuz verliehen bekommen. Aber auch im zivilen Bereich warf Karl mit Ehrungen um sich.

In Teschen ging es jedoch zum wenigsten um Titel und Auszeichnungen, sondern um Weichenstellungen. Zunächst äußerte Karl den Wunsch nach einer Übersiedlung des AOK in die Nähe Wiens. Conrad versuchte, alle nur erdenklichen Einwände vorzubringen, doch es nützte nichts. Mit der Übernahme des Armeeoberkommandos machte Karl seinen Anspruch auf die persönliche Führung der k. u. k. Wehrmacht deutlich und zwang das AOK zur Unterordnung. Dieser Machtanspruch sollte auch gegenüber dem wichtigsten Verbündeten geltend gemacht werden. Bereits einen Tag nach dem Tod Kaiser Franz Josephs hatte Karl zu verstehen gegeben, daß er nicht bereit war, die deutsche Dominanz so einfach hinzunehmen. Conrad wurde angewiesen, die Bestimmungen über die Gemeinsame Oberste Kriegsleitung in Verhandlungen mit der Deutschen Obersten Heeresleitung zu revidieren. Karls Wunsch gemäß sollte die Deutsche Oberste Heeresleitung nur die Verhandlungen zwischen den

Verbündeten führen, aber keinerlei Befehle erteilen dürfen.

Hindenburg und Ludendorff bestanden naturgemäß auf der bisherigen Vereinbarung und waren nur zur Modifikation des Artikels 4 bereit, in dem festgelegt worden war, daß dem deutschen Kaiser zur Ausübung seiner Oberleitung die Armeeoberkommandanten der Verbündeten zur Verfügung standen. Ihre Argumentation ging dahin, daß andernfalls Bulgarien und die Türkei die Vereinbarung aufkündigen würden. Karl blieb daraufhin nichts übrig, als dieser „Erpressung" nachzugeben. Er mußte sich in die letztinstanzliche Befehlsgewalt des deutschen Kaisers fügen, ja in einem neuen geheimen Zusatzartikel war nicht einmal mehr die deutsche Verpflichtung zur Wahrung der Integrität der Habsburgermonarchie erhalten. Für Karl war das eine kalte Dusche, und er reagierte trotzig: Er untersagte die weiteren Verhandlungen über eine Militärkonvention mit dem Deutschen Reich und wollte auch keinen Handelsvertrag mehr abgeschlossen wissen. Seiner Beurteilung nach wurde das Deutsche Reich von einer Militärdiktatur regiert.

Am 5. Dezember fand der erste Besuch des neuen Herrschers bei Kaiser Wilhelm in Pleß statt. Karl kam zu spät. Und auch beim Gegenbesuch der Deutschen in Teschen verspätete er sich. Die Deutschen schienen über all das hinwegzusehen und wollten nur die sachlichen Probleme erörtern. Dabei ging es nicht nur um Fragen der Gemeinsamen Obersten Kriegsleitung, sondern vor allem auch um rüstungspolitische Fragen und Ernährungsfragen. Ministerpräsident Koerber begleitete den Kaiser auf dieser Reise, doch auch seine Verhandlungen verliefen erfolglos. Dies führte bald zu einer merklichen Verschlechterung des Verhältnisses zwischen Koerber und dem Kaiser. Es ging vor allem um Verfassungsfragen, darum, ob der Kaiser den Eid auf die österreichische Verfassung ablegen sollte, ohne vorher eine Änderung zu oktroyieren. Bei anderen wichtigen Fragen wurde Koerber einfach übergangen. So ernannte Karl den Prinzen Konrad Hohenlohe zum gemeinsamen Finanzminister, ohne mit seinem Ministerpräsidenten Rücksprache zu halten, oder er dekretierte gegen den Willen Koerbers das Deutsche als Amtssprache in Böhmen. Da Koerber ganz offensichtlich nicht das uneingeschränkte Vertrauen des Herrschers hatte, reichte Koerber am 13. Dezember seine Demission ein, die sofort angenommen wurde. In seinen persönlichen Aufzeichnungen fand der Kaiser dafür die recht einfachen Worte: „Den Ministerpräsidenten Koerber entließ ich, weil er ein Wurschtler des alten Systems war."

Als Chef der Übergangsregierung wurde noch am selben Tag der Handelsminister, Alexander Spitzmüller, berufen, der seinerseits am 20. Dezember durch Heinrich Graf Clam-Martinic als Ministerpräsident ersetzt wurde. Mit ihm wurde aber nur der Auftakt zu einschneidenden personellen Änderungen gemacht. Der Kaiser brachte nun jene Männer in seine Umgebung, von denen er sich die Verwirklichung seiner Ideen erhoffte. Die Trennung von Koerber, zwei Tage später von Burián und schließlich von Erzherzog Friedrich und Conrad sollte deutlich machen, daß Karl einen Strich unter die Vergangenheit ziehen wollte.

11 Das Erbe

Schon zur Zeit des Thronwechsels mehrten sich in der Donaumonarchie die Zeichen, daß die Untertanen Hunger und Entbehrungen nicht länger ertragen wollten. Daß sich die Situation dramatisch verschlechterte, war schon nach dem Einbringen der Ernte im Sommer 1916 erkennbar geworden. Damals hatte das Kriegsministerium die Schaffung eines Ernährungsamtes vorgeschlagen, da nur eine strikte Bewirtschaftung eine Hungerkatastrophe verhindern konnte.

Nachdem alle Versuche in dieser Richtung gescheitert waren, griff man nun anstelle der Festsetzung von Höchstpreisen zum Mittel der Beschlagnahme. Der Kreis der „bewirtschafteten" Waren wurde von Woche zu Woche größer. Nicht nur Lebensmittel und Ersatzstoffe wurden erfaßt: Ab Ende 1916 wurden auch Futtermittel wie Rüben, Heu und Stroh streng bewirtschaftet. Der 1917 erstellte Rechenschaftsbericht der „Ersten Suppen- und Teeanstalt" gab Auskunft über die zunehmende Not. Hier wurden die Lebensmittelpreise im Detail verfolgt und die steigende Zahl jener registriert, die auf Mildtätigkeit und Ausspeisung angewiesen waren. In Wien stieg deren Zahl im Verlauf des Jahres 1916 von 54.000 Menschen auf 134.000. Die Kriegsküchen, in denen vor allem Angehörige des Mittelstandes gegen wenig Geld einfache Speisen kaufen konnten, mußten wenig später die Abendmahlzeiten einstellen, da sie keine Lebensmittel mehr bekamen. Wärmestuben, Tagesheimstätten und die „Suppen- und Teeanstalten" versorgten täglich mehr Menschen.

Auch in Ungarn war die Situation alles andere als rosig. Zwar gab es noch einen gewissen Überschuß, aber die Verteilungsmaßnahmen waren völlig unzulänglich; es kam zu Preistreiberei und Wucher. An private Verteilerorganisationen mußten hohe Provisionen gezahlt werden, wobei als Richtwert 1000 Kronen pro Waggon galt. An dieser skandalösen Praxis war aber nicht nur das ungenügende Warenangebot schuld, sondern ebenso der Mangel an rollendem Material. Die dafür vorgesehenen Waggons wurden Ende 1916 und Anfang 1917 ganz einfach abgezogen, um die benötigten Truppentransporte nach Rumänien durchzuführen. Zudem zeigte der ungarische Ministerpräsident Tisza keine Verhandlungsbereitschaft bei der Anpassung der ungarischen an die niedrigeren österreichischen Pro-Kopf-Quoten. Er vertrat einen klar protektionistischen Standpunkt und spielte in den Verhandlungen über einen neuen Ausgleich die eindeutig stärkere Position Ungarns konsequent aus.

Karl brauchte Ungarn, da er angesichts der völlig unklaren Situation Cisleithaniens auf absehbare Zeit nicht mit der ungeteilten Unterstützung dieser Reichshälfte rechnen konnte. Ungarn hatte es in der Hand, mehr oder weniger zur Versorgung der Monarchie beizutragen. Außerdem ließ sich in Ungarn mit relativ stabilen Verhältnissen auftrumpfen. Wenn man daher von Ungarn etwas wollte und seine Mitwirkung an Maßnahmen zum Erhalt der Monarchie und zur Fortsetzung des Krieges anstrebte, dann mußte man der „atavistischen" Verfassung Respekt zollen. Das galt auch für den Monarchen. Daher war es ein aus vielen Gründen wohl erwogener Schritt, daß sich Karl am 30. Dezember 1916 in der Budapester Mátyáskirche zum König von Ungarn krönen ließ. Dies hatte dann auch zur Folge, daß die ungarischen Bestrebungen, sich einer zumindest auf Kriegsdauer etwas stärker zentralisierten Ausgestaltung des Reiches zu widersetzen, gemildert wurden. Vor allem in Ernährungsfragen, wo Tisza nun zumindest der Einsetzung eines Ausschusses zustimmte, erhoffte man sich eine schnellere Lösung.

Zur Zeit der Krönung in Budapest durfte Karl noch hoffen, als Friedensfürst in die Geschichte einzugehen. Die Rückschläge und Krisen des Jahres 1916 schienen überwunden, die Krisensymptome bei den Alliierten hingegen wurden immer deutlicher. Die erlahmende Kraft Rußlands und die Niederwerfung Rumäniens durch die Mittelmächte ließen das Schlimmste für die Alliierten befürchten.

Hatte man zunächst besorgt sein müssen, daß der Kriegseintritt Rumäniens der Monarchie den Todesstoß versetzen würde, so erkannte man bald, daß die Rumänen den Truppen der Mittelmächte kein wirkliches Gegengewicht bieten konnten. Am 23. November 1916 begannen deutsche, österreichisch-ungarische, bulgarische und türkische Truppen der Heeresgruppe Mackensen bei Șiștov die Donau zu übersetzen. Unterstützt von der k. u. k. Donauflottille stießen sie zügig vor, stimmten ihre Operationen auf jene ab, die aus Siebenbürgen heraus geführt wurden, und beendeten die Niederwerfung Rumäniens mit der Einnahme Bukarests am 6. Dezember. Die Rumänen hatten ein Debakel erlitten. Sie mußten in der Folge die Walachei aufgeben und konnten nur mehr versuchen, wenigstens einen Rest ihrer Armee zu retten.

Kaiser Karl sah im Sieg über Rumänien aber primär eine Voraussetzung dafür, daß die Alliierten nun wohl friedensgeneigt werden könnten. Die ersten konkreten Friedensschritte sollten im Dezember 1916 gesetzt werden. Am 12. Dezember erging eine Friedensnote an die neutralen Schutzmächte, USA, Schweiz und Spanien, zur Weiterleitung an die Entente und die mit ihr verbündeten Staaten. Karl erhoffte sich ein Einlenken der Alliierten, doch die Antwort war ernüchternd. Die Alliierten verlangten Wiedergutmachung und Bürgschaften. Und erstmals wurden auch die Kriegsziele der Alliierten gegenüber der Habsburgermonarchie konkret angesprochen. Es war gleichsam die offizielle Ankündigung, daß die Zerschlagung Österreich-Ungarns ein Ziel der Alliierten sein würde.

Karl reagierte mit einem Armee- und Flottenbefehl, der die Eroberung von vier Königreichen – wahrscheinlich waren dies Serbien, Montenegro, Rumänien und Belgien – nannte. Nun ging es wieder ans Kalkulieren. Wie konnte der Krieg weitergeführt werden, wie waren die Verluste auszugleichen, und war es möglich, noch zusätzliche Kontingente auszuheben? Jetzt ging es also allmählich um das letzte Aufgebot. Deutschland war bereit, den Bruch mit den USA zu riskieren, indem es den definitiven Beschluß über den uneingeschränkten U-Boot-Krieg fällte, der am 1. Februar 1917 beginnen sollte. Am 3. Februar wurden daraufhin dem deutschen Gesandten in Washington die Pässe zugestellt. Die diplomatischen Beziehungen zu Deutschland galten als abgebrochen, jene mit Österreich-Ungarn blieben jedoch bestehen.

Während der deutsche Weg zur Eskalation führte, ja wahrscheinlich sogar jenen Schritt darstellte, der die Niederlage der Mittelmächte im Krieg brachte, ging die österreichische Führung einen anderen, wohl vom Kaiser vorgegebenen Weg. Der neue Minister des Äußern, Graf Ottokar Czernin, übermittelte dem amerikanischen Außenminister Lansing die Friedens- und Kriegsziele Österreich-Ungarns, wobei er zwei Varianten – ein Minimal- und ein Maximalprogramm – in Aussicht stellte. Darüber sollten Gespräche geführt werden. Doch im März 1917 hatten sich auch in den Gesprächen zwischen den USA und Österreich-Ungarn die Themen erschöpft. Die öffentliche Meinung warf die Monarchie in einen Topf mit dem Deutschen Reich. Doch am 6. April erklärten die USA dem Deutschen Reich, nicht aber Österreich-Ungarn den Krieg.

Die Friedenspolitik Kaiser Karls schien dennoch in eine Sackgasse geraten zu sein. Nach wenigen Monaten seiner Herrschaft mußte er sich eingestehen, daß noch so gut wie nichts von dem realisiert worden war, was er mit so großer Ambition begonnen hatte. Das Verhältnis zum Deutschen Reich hatte sich so entwickelt, daß Österreich-Ungarn nur noch enger an die deutsche Kriegführung gebunden war. In der Innenpolitik war noch kein entscheidender Durchbruch gelungen, die Außenpolitik konnte in wesentlichen Bereichen als gescheitert betrachtet werden. In der Hoffnung, daß die k. u. k. Armee als letzter stabilisierender Faktor im Inneren eine Rolle spielen würde, versuchte Karl, die Führung der Armee noch stärker in seine Hand zu nehmen und das Armeeoberkommando noch mehr zu seinem persönlichen Instrument umzugestalten. Am 3. und 4. Jänner 1917 hatte das AOK nach Bad Vöslau bzw. Baden zu übersiedeln.

Und die Entmachtung und Umwandlung des AOK setzte sich noch weiter fort. Der Leiter der Militärkanzlei des Kaisers, Generaloberst Baron Bolfras, bat um seinen Abschied. Der Flottenkommandant, Großadmiral Haus, starb überraschend am 8. Februar 1917 an einer Lungenentzündung und wurde durch Vizeadmiral Maximilian Njegovan ersetzt. Am selben Tag schuf Karl die Stellung eines „Chefs des

Ersatzwesens für die gesamte bewaffnete Macht" und betraute damit den bisherigen Honvédminister Baron Hazai. Der nächste Schritt war die am 11. Februar 1917 erfolgte Enthebung Erzherzog Friedrichs vom Posten des Stellvertretenden Armeeoberkommandanten. Der Kaiser stellte ihn kurzerhand „zur Allerhöchsten Disposition" und schickte ihn damit ins Ausgedinge.

Schließlich blieb noch eine, allerdings die wichtigste Veränderung: die Enthebung Conrads. Conrad wurde von dem bereits abgeschobenen Erzherzog Friedrich von seiner eigenen Kaltstellung informiert. In einer Audienz am 27. Februar 1917 bat Conrad um seinen Abschied. Statt dessen erhielt er von Kaiser Karl das Großkreuz des Militär-Maria-Theresien-Ordens und ließ sich schließlich auch überreden, ein Heeresgruppenkommando an der Südwestfront gegen Italien zu übernehmen. Im Osten schien Conrad auch nicht mehr gebraucht zu werden.

12 Die Februarrevolution in Rußland und ihre Folgen

Während die Alliierten in zwei Konferenzen im Jänner bzw. Februar 1917 noch die nächsten italienischen Angriffe am Isonzo bzw. den Zeitpunkt des nächsten russischen Angriffs berieten, begannen plötzlich Gerüchte über eine bevorstehende Revolution in Rußland zu kursieren. In Berlin und Wien, aber noch mehr in London und Paris wurde mit einem baldigen Ausbruch gerechnet. Als die Revolution dann tatsächlich losbrach, schien das auch nur deutlich zu machen, daß es auch anderswo zu kriegsbedingten Versorgungskatastrophen gekommen war und daß die Menschen nicht mehr bereit waren, den Krieg und seine Folgen einfach hinzunehmen. Doch es kam ganz anders.

Anfang März 1917 (Februar nach dem russischen Kalender) traten in St. Petersburg die Arbeiter in den Streik. Die Petersburger Garnison sollte gegen sie eingesetzt werden. Ein Großteil der Soldaten weigerte sich, auf die demonstrierenden Arbeiter zu schießen. Der Präsident der Duma, des russischen Parlaments, schlug dem Zaren die Bildung einer neuen Regierung vor. Der Zar widersetzte sich und wollte die Duma vertagen. Diese aber erklärte sich in Permanenz. Der Zar verließ daraufhin St. Petersburg und suchte im Hauptquartier des Generals Ruskij Zuflucht, der die Nordfront kommandierte. Am 15. März dankte der Zar zugunsten seines Bruders, des Großfürsten Michail, ab, der kurz darauf ebenfalls auf den Thron verzichtete. Unter der Führung des Fürsten Georgi L'vov bildete sich eine provisorische Regierung, die ihre Bündnistreue zur Entente bekräftigte und zum Kampf gegen die „reaktionären" Mittelmächte aufrief.

An der Front waren die Anzeichen der Revolution zunächst noch am wenigsten erkennbar, was wohl auch darauf zurückzuführen war, daß die Truppen keine gesicherten Nachrichten erhalten hatten. Doch Überläufer erzählten von ungewöhnlicher Unruhe. Dann tauchten die ersten Flugblätter auf, und schließlich war an zahlreichen Stellen der Front zu beobachten, daß die Russen ohne Waffen aus ihren Gräben kamen und sich mit ihren Gegnern zu verbrüdern suchten. Doch nicht nur das: Zu den Verbrüderungen kam oft auch noch der Versuch, die Revolutionierung der Soldaten der Mittelmächte zu betreiben. Abordnungen russischer Soldaten zogen durch das Niemandsland und suchten Verhandlungen zu beginnen. Sie sprachen davon, ihre Offiziere abzusetzen und Soldatenräte zu wählen. Die Regierung L'vov schien ihnen durchaus gut, doch dürfe sie den Krieg nicht fortsetzen. Die Soldaten wollten nicht mehr angreifen und schlugen vor, auch Deutsche und Österreicher sollten den Kampf einstellen und eine Revolution beginnen. Auf diese Weise könnte der Krieg rasch beendet werden. Am 6. April wurden daraufhin von den k. u. k. Armeekommandanten Befehle ausgegeben, die die Abweisung aller Anbiederungsversuche zum Inhalt hatten.

Angesichts der unklaren Situation stellten die Mittelmächte die Kampfhandlungen ein und versuchten, durch Propagandamaßnahmen in jeder erdenklichen Weise die Zersetzung des russischen Heeres voranzutreiben, dabei aber die eigenen Truppen möglichst zu isolieren, damit sie nicht vielleicht doch vom Geist der Revolution infiziert würden.

Nach zwei, drei Wochen kam aber schließlich der Augenblick, in dem die Rückwirkungen auf die Mittelmächte und vor allem Österreich-Ungarn dramatisch zunahmen und zu einem Überdenken der Revolution und ihrer Folgen Anlaß gab. Ausgangspunkt war allerdings nicht, wie man zunächst befürchtet hatte, die Front, sondern das Hinterland. Die berühmte Proklamation des St. Petersburger Arbeiter- und Soldatenrats vom 27. März „An die Völker der ganzen Welt" mit dem Schlachtruf Karl Marx' „Proletarier aller Länder, vereinigt euch!" und mit Passagen, die eine fast suggestive Wirkung hatten, blieben nicht ohne Folgen. Die Signale waren zwar noch uneinheitlich, und sie waren vielfältig. Doch ebenso vielfältig waren ihre Adressaten: In Polen und Ungarn regten sich die radikalen oppositionellen Kräfte, ein Teil der tschechischen Emigration, die in Rußland bzw. Großbritannien tätig war, reagierte ebenfalls darauf.

Im April wurden daraufhin die meisten hohen Kommandos der k. u. k. Truppen angewiesen, dem Armeeoberkommando über „sozialdemokratische Symptome sowie über den Einfluß der russischen Revolution auf den Geist unserer Truppe zu berichten". Laut Meldungen herrschte meistens noch ein „sehr guter" Geist, doch es wurde durchaus differenziert. Am zweckmäßigsten wäre es, meinte die Organisationsgruppe des AOK, sämtliche ruthenischen, serbischen und tschechischen Truppen an die Südwestfront zu schicken und gegen deutsche, ungarische, polnische und italienische Truppen auszutauschen. Doch das hatte man bereits vor dem Ausbruch der Revolution gewußt. Im AOK strahlte man daher Zuversicht aus, indem man meinte, daß die russische Revolution nur eine Auswirkung gehabt hätte: „daß die Hoffnung auf baldigen siegreichen Frieden gehoben wurde".

Am 2. Mai 1917 wurde die provisorische russische Regierung umgebildet. Der Gedanke an einen Sonderfrieden wurde verworfen, und der neue Kriegs- und Marineminister, Aleksej Kerenskij, wollte die Streitkräfte in kürzester Zeit wieder einsatzbereit machen. Fahnenflucht, Befehlsverweigerung und Meuterei waren mit Zwangsarbeit zu bestrafen. Es wurde alles getan, um die Disziplin zu festigen und den Offizieren wieder Ansehen und Autorität zu verschaffen. Kerenskij besuchte wochenlang die Fronttruppen und versuchte, sie zu überzeugen. Er konnte auch begeistern und brachte das Kunststück zustande, daß die Armeen tatsächlich wieder einsatzbereit wurden. Schließlich wurde General Brusilov, der fast legendäre Sieger des Sommers 1916, zum Oberbefehlshaber des russischen Heeres gemacht. Und spätestens jetzt war klar, daß sich Rußland nicht so ohne weiteres aus der Front der Alliierten herausbrechen ließ. Der militärische Kriegsalltag war wieder eingekehrt.

Die Reaktion der Ententemächte und der USA ließ auch nicht lange auf sich warten. Deren Argumentation, daß der Krieg nunmehr zu einem Krieg der Demokratien gegen die Autokratien geworden war, griff zwar etwas kurz, doch konnte sie nicht so einfach vom Tisch gewischt werden. Vor allem galt nun das Faktum nicht mehr, daß Rußland in einem viel höheren Maße autokratisch regiert würde und die bürgerlichen Freiheiten einschränkte als etwa Österreich-Ungarn. Nicht mehr Rußland schien der Hort der Repression zu sein, sondern Österreich. Daher war es zwingend, auf die Februarrevolution durch innenpolitische Maßnahmen zu reagieren. Ebenso erhielten die Friedensbemühungen einen anderen Akzent – sie wurden eigenständiger.

Deutscherseits wurde zwar heftige Kritik an der Friedensbereitschaft der Habsburgermonarchie geübt; noch mehr aber zeigte man sich von den Veränderungen in der österreichischen Innenpolitik alarmiert. Dort waren die dramatischen

DIE ERNÜCHTERUNG

Folgen der Februarrevolution am deutlichsten spürbar. Bis zum März 1917 hatte es immer wieder Pläne zu einem Verfassungsoktroi für die österreichische Reichshälfte gegeben. Angesichts der Situation in Rußland war es aber fast undenkbar, in Österreich eine derartige Gewaltmaßnahme zu setzen, da diese auf stärksten Widerstand fast aller nichtdeutschen Parteien, aber auch deutsch-österreichischer Parlamentarier – wie etwa der Sozialdemokraten – gestoßen wäre. Nun aber waren die Pläne anderer Natur: Der Reichsrat mit seinen 516 Abgeordneten sollte erstmals seit 1914 wieder einberufen werden.

Am 30. Mai 1917 trat der Reichsrat Cisleithaniens zusammen. Am folgenden Tag wurde die Thronrede des Kaisers verlesen. Der Kaiser forderte die Abgeordneten auf, mit ihm zusammen die Vorbedingungen zu schaffen, „um im Rahmen der Einheit des Staates und unter verläßlicher Sicherung seiner Funktionen auch der freien nationalen und kulturellen Entwicklung gleichberechtigter Völker Raum zu geben". Die Formulierungen erschöpften sich in nichtssagenden Gemeinplätzen. Als nächstes kam die Regierungserklärung des Ministerpräsidenten Heinrich Graf Clam-Martinic. Zentrales Thema war die Herstellung der Verfassungsmäßigkeit. Doch die Auffassungen, wie eine solche zu erreichen sei, waren so kontroversiell, daß man schon das Schlimmste befürchten mußte.

Bald sah sich Clam in einer ausweglosen Situation und bot seinen Rücktritt an. Dieser wurde jedoch vom Kaiser abgelehnt, angeblich mit der Bemerkung, daß der Rücktritt doch nichts nützen würde, da er Clam sofort wieder zum Ministerpräsidenten ernennen würde. Da sich Clam trotz Erfolgen bei der Erstellung eines sozialpolitischen Programms nicht gegen die ungehemmt einsetzende nationale Agitation – vor allem der Polen und der Tschechen – durchsetzen konnte, demissionierte er dann doch und sprach sich für den amtierenden Ackerbauminister Ernst Ritter von Seidler aus, der schließlich mit der Bildung eines Übergangskabinetts betraut wurde. Und da Provisorien bekanntlich am längsten halten, blieb Seidler auch unerwartet lange, nämlich ein Jahr, Ministerpräsident.

Auch in Ungarn begann es zu gären. Die Atempause, die sich Graf Tisza durch die Krönung Karls verschafft hatte, war vorbei. Der ungarische Ministerpräsident und seine Partei sahen im Ausbruch der russischen Revolution eine Rechtfertigung ihrer Außen- und Innenpolitik. Der ungarischen Opposition aber schienen die Vorgänge in Rußland eine Bestätigung dafür zu sein, daß es höchste Zeit für Reformen war. Doch Tisza war dazu nicht bereit und sah keinen Grund für einschneidendere Maßnahmen. Er sah sich und Ungarn als Garanten für Kontinuität, Stabilität und Gewaltenteilung in einer immer chaotischer werdenden Welt. Es war für ihn daher unverständlich, daß ihm am 6. Februar 1917 bedeutet wurde, daß der Monarch an seiner Stelle Erzherzog Joseph sehen wollte. Tisza drohte, mit der ganzen von ihm angeführten parlamentarischen Mehrheit in Opposition zu gehen. Karl forderte von Tisza daraufhin die Ausarbeitung eines neuen Wahlgesetzes aufgrund eines allgemeinen, gleichen und direkten Wahlrechts, was dieser jedoch ablehnte. Er argumentierte damit, daß es in Ungarn erst vor vier Jahren eine Wahlrechtsreform gegeben habe, und meinte, daß das einzige, wozu er bereit wäre, die Ausweitung des Wahlrechts auf die kleinen Grundbesitzer, die Industriearbeiter und jene, die sich im Krieg den Ehrentitel „vitéz" verdient hatten, sei. Karl wollte sich damit aber ebensowenig wie die ungarische Opposition zufriedengeben. Die Demonstrationen gegen den Ministerpräsidenten häuften sich. Selbst die Partei Tiszas war gespalten, und nachdem Karl ihn ein letztes Mal aufgefordert hatte, ihm ein neues Wahlrecht für Ungarn vorzulegen, und Tisza dies abermals abgelehnt hatte, forderte der Monarch den Ministerpräsidenten am 22. Mai 1917 zum Rücktritt auf. Tisza demissionierte.

Der Abgang des ungarischen Ministerpräsidenten blieb nicht ohne Resonanz. Vor allem im Deutschen Reich bedauerte man seine Entfernung. Kaiser Karl allerdings meinte, daß ihm ein Alptraum genommen sei. Auch in Ungarn selbst schien Tiszas Abgang nicht nur bedauert zu werden. Zeitungen merkten an, daß sein Rücktritt einem großen militärischen Sieg gleichzusetzen wäre. Doch wer geglaubt hatte, in Ungarn würde nun sofort das allgemeine und gleiche Wahlrecht eingeführt werden, der wurde enttäuscht. Damit war Tiszas Sturz eigentlich unsinnig gewesen. Auch in Transleithanien war jedoch die Zeit des Ausgleichenwollens und des Rücksichtnehmens vorbei. Die Radikalen drängten an die Macht.

13 Letzte Siege: Otranto, Bukowina und die Durchbruchsschlacht von Flitsch-Tolmein

Während man sich im Inneren der Monarchie mit sich selbst zu beschäftigen begann, ging der Krieg natürlich weiter, und die Entwicklung an den Fronten konnte durchaus die Meinung festigen, die Mittelmächte würden einem Siegfrieden zusteuern. Erstmals auch seit 1915 hatte man in Österreich-Ungarn allen Grund, über einen Seesieg zu jubeln.

Die k. u. k. Kriegsmarine hatte mit merklichem Zögern begonnen, ihren Teil zum uneingeschränkten U-Boot-Krieg zu leisten. Im April 1917 erreichten die k. u. k. U-Boote ebenso wie die deutschen ihre größten Erfolge. Mit 23.037 Tonnen war in diesem Monat ein bis dahin noch nie dagewesener Höhepunkt an Versenkungen in der Adria und im Mittelmeer zu verzeichnen. Als einer der entscheidenden Punkte für den Seekrieg im Mittelmeer erwies sich aber immer mehr die Straße von Otranto. Die Alliierten hatten mit italienischen, französischen und britischen Schiffen eine Sperre aufgebaut, die zwar durchlässig blieb, aber eine erhebliche Erschwernis beim Aus- und Einlaufen in die Adria darstellte. Wohl waren sämtliche Versuche und Bemühungen von seiten der Briten, diese Sperre so zu verstärken, daß jeglicher Verkehr unter und über Wasser unterbunden werden konnte, gescheitert, doch die Gefahr blieb. Etliche U-Boote gingen in dieser vor allem aus Schleppnetzen bestehenden Sperre verloren. Es war daher naheliegend, daß das k. u. k. Flottenkommando den Entschluß faßte, die Seesperre von Otranto zu durchbrechen. Die Aktion wurde für den 15. Mai 1917 festgelegt und sollte mit den Kreuzern „Novara", „Helgoland" und „Saida" unter dem Kommando von Linienschiffskapitän Horthy ausgeführt werden.

Das Seegefecht begann um 3.30 Uhr früh und dauerte bis Sonnenaufgang. 14 von 47 Kuttern wurden versenkt, vier weitere teilweise schwer beschädigt. Dann aber begann die Jagd auf Horthys Eskadre, der es trotz zeitweiliger Überlegenheit von britischen, französischen und italienischen Schiffen gelang, den rettenden Schutz der aus Cattaro herbeieilenden Schiffe zu erreichen. Schließlich drehten die alliierten Verfolger ab. Gleichzeitige Angriffe von k. u. k. U-Booten und das Legen von Seeminen vor Brindisi fügten den Alliierten zusätzliche Verluste zu, so daß dieser Tag als der zweifellos bedeutendste Seesieg in die Geschichte der k. u. k. Seestreitkräfte in der Adria einging. Die Seestraße war vorübergehend „durchlässig" geworden, doch schon bald waren die k. u. k. Seestreitkräfte wieder eingeschlossen. Gerade dieses Seegefecht hatte aber auch gezeigt, daß das Flottenbauprogramm der Kriegsmarine in eine falsche Richtung gegangen war. Denn die vielbewunderten Dreadnoughts der

DIE ERNÜCHTERUNG

"Tegetthoff-Klasse" waren zur Untätigkeit verdammt, mehr noch: sie waren fast nutzlos geworden. Statt dessen mangelte es an Zerstörern und Torpedobooten.

Der Seesieg in der Otrantostraße vom Mai 1917 gehörte schon nach kurzer Zeit der Vergangenheit an und verblaßte auch sehr rasch angesichts der militärischen und politischen Ereignisse an anderen Fronten, vor allem in Rußland.

Die Lage an der Ostfront war monatelang durch die Bemühungen um partielle Feuereinstellungen und einen allgemeinen Waffenstillstand mit den Russen gekennzeichnet gewesen. Am 30. Juni begann aber dann unter dem neuen russischen Oberbefehlshaber Brusilov eine Offensive, die den Namen des Kriegs- und Marineministers Kerenskij trug, die "Kerenskij-Offensive". Brusilov hatte vor, seinen Erfolg vom Juni und Juli 1916 zu wiederholen. Die russische 11. Armee sollte in Richtung Zloczów angreifen und die k. u. k. 2. Armee unter Böhm-Ermolli zum Wanken bringen. Die russische 7. Armee bekam den Raum Brzeżany und die deutsche Südarmee als Ziel genannt. Nach einigen Tagen sollte auch die russische 8. Armee antreten, und zwar gegen die südlich des Dnjestr stehende k. u. k. 3. Armee unter Tersztyánszky.

Bei Brzeżany drangen die Russen nicht durch. Deutsche, österreichisch-ungarische und türkische Truppen errangen einen klaren Abwehrsieg. In Richtung Zloczów gewannen die Russen aber Raum. Am 30. Juni setzte das für Offensiven charakteristische Vorbereitungsfeuer der Artillerie ein. Kurz darauf stiegen die Russen aus ihren Gräben und stürmten gegen die k. u. k. Linien vor. Nach drei Tagen zeigten sich bei einigen k. u. k. Divisionen Auflösungserscheinungen; bei der k. u. k. 2. Armee kam es zur Krise, als Teile der 19. Infanteriedivision – die beiden tschechischen Infanterieregimenter Nr. 35 und Nr. 75 – zu den Russen übergingen. Die Offensive war zwar für die k. u. k. Armee nicht zu jener Katastrophe geworden, die einen Vergleich mit Luck zugelassen hätte. Allerdings war den Russen wieder einmal nur bei den österreichisch-ungarischen Truppen der Einbruch gelungen, und wieder war die Krise durch die Desertion von Tschechen ausgelöst worden.

Die Front mußte zurückgenommen werden. Die 19. Infanteriedivision wurde durch deutsche Truppen ersetzt, dann war die Krise zunächst einmal gemeistert. Doch am 6. Juli drang die russische 8. Armee südlich des Dnjestr bei Stanislau vor und konnte die k. u. k. 3. Armee bis Kalusz zurückdrängen. Der Kommandant der 3. Armee, Generaloberst Tersztyánszky, wurde abgelöst und durch den bisherigen Kommandanten des X. Korps, General Křitek, ersetzt. Auch hier waren es wieder Verstärkungen von der deutschen Südarmee, die zu einer gewissen Stabilisierung beitragen konnten. Damit wiederholte sich scheinbar, was man schon aus dem vorangegangenen Kriegsjahr zu wissen glaubte: Kaum waren deutsche kommandierende Generäle an den entsprechenden Stellen und wurden zudem deutsche Divisionen eingeschoben, war die Krise auch schon gemeistert. Schon am 19. Juli erfolgte der Gegenangriff der deutschen und österreichisch-ungarischen Truppen und traf auf die mittlerweile am Ende ihrer Kraft angelangten Russen. Deutsche Truppen durchstießen die Front der russischen 11. Armee. Nach wenigen Tagen wurde die Armee zum Rückzug gezwungen. Südlich davon kamen auch die Fronten der russischen 7. und 8. Armee ins Wanken. Doch auch die deutschen und die k. u. k. Truppen hatten nicht ausreichend Kräfte, um sofort nachzustoßen und eine allgemeine Offensive zu beginnen. Vor allem fehlte es an Nachschub. So konnten die Russen ihren Zusammenbruch an der Front noch etwas hinauszögern. Am 24. Juli nahmen die k. u. k. Truppen Stanislau, am 26. Kolomea, am 29. Zaleszczyki und schließlich am 2. August nach erbitterten Kämpfen die Hauptstadt der Bukowina, Czernowitz.

Die Russen waren zwar zahlenmäßig noch immer stark, zeigten aber bereits deutliche Zeichen des Zusammenbrechens. Als die Kerenskij-Offensive ihren Höhepunkt überschritten hatte, kam es in St. Petersburg zu einem bolschewistischen Umsturzversuch. Er hatte zwar keinen Erfolg, doch Fürst L'vov trat zurück, und Kerenskij übernahm die Macht. Rußland steuerte auf die zweite Phase seiner Revolution zu.

Noch vor der Entscheidung im Osten hatte Kaiser Karl seine Versuche zur Herbeiführung eines Friedens oder auch eines Sonderfriedens verstärkt. Mitte Februar 1917 hatte sich die Mutter von Kaiserin Zita, Maria Antonia von Bourbon-Parma, mit einem ihrer Söhne, Prinz Sixtus, in Neuchâtel in der Schweiz getroffen. Die Herzogin sprach dabei vom Friedenswillen ihres kaiserlichen Schwiegersohnes. Sixtus erklärte sich bereit, zu geheimen Treffen nach Laxenburg bei Wien zu kommen. Schließlich wollte er ganz konkrete Angaben zu den Kriegszielen der Habsburgermonarchie haben. Karl nannte daraufhin in einem Schreiben, das er seinem Schwager mitgab, drei wesentliche Punkte: Österreich-Ungarn habe kein Interesse an Serbien; Belgien sollte wieder souverän und Elsaß-Lothringen an Frankreich gegeben werden. Prinz Sixtus leitete diese Punktation an die Franzosen weiter. Am 17. April kam es daraufhin und über Wunsch des französischen Ministerpräsidenten Alexandre Ribot zu einem Treffen mit dem britischen Premierminister David Lloyd George. Dabei wurde der Inhalt des Briefs Karls erörtert, wobei den Franzosen wie den Engländern bewußt war, daß die Vorschläge für einen Sonderfrieden vor allem mit den Italienern zu besprechen waren. Der italienische Außenminister Sonnino lehnte jedoch Abstriche vom Londoner Vertrag kategorisch ab. Die Gespräche verliefen im Sande. Fast ein Jahr später sollte der Kontakt Karls mit Sixtus Bourbon-Parma ein folgenschweres Nachspiel haben.

Das Deutsche Reich spürte im Sommer und Herbst 1917, daß die Habsburgermonarchie wieder ihre eigenen Wege zu gehen suchte. Nicht zuletzt darum und um die schon merkliche Schwäche Österreich-Ungarns überwinden zu helfen, plante die Deutsche Oberste Heeresleitung ein weiteres Mal, dem Bundesgenossen eigentlich unerwartet außerordentliche Hilfe angedeihen zu lassen. Dazu sollte eine Offensive gegen Italien dienen, an der sich auch deutsche Truppen beteiligen würden. Auf diese Weise war auch den Schlachtfeldern am Isonzo und in den Alpen der Charakter eines k. u. k. Privatkriegsschauplatzes zu nehmen.

Die Operationsabteilung des k. u. k. Armeeoberkommandos hatte bereits Anfang 1917 wieder mit intensiven Planungen zu einer neuen großen Offensive begonnen. Schon damals war auch eine deutsche Truppenhilfe kalkuliert worden, die auf der Teilnahme von 12 bis 16 deutschen Divisionen und 42 Artillerieregimentern aufbaute, von denen es auch zunächst geheißen hatte, sie wären ab April 1917 verfügbar. Doch am 25. Februar hatte Generalfeldmarschall Hindenburg mitgeteilt, daß die Lage im Westen den Einsatz deutscher Truppen in Italien verbiete. Folglich mußten die k. u. k. Armeen wieder monatelang allein auskommen. Und es sah nicht allzugut aus.

Die Italiener hatten vom 10. Mai bis zum 4. Juni die zehnte Isonzoschlacht geführt, deren Ziel abermals die Eroberung von Triest sein sollte. Doch den Italienern gelang wieder nur die Inbesitznahme eines Höhenrückens ostwärts des Isonzo. Im Juni griff die italienische 6. Armee nach Norden an. Es kam zur sogenannten Ortigara-Schlacht, einem ungemein verlustreichen Ringen um einen kahlen Gebirgsrücken. Am Isonzo betrugen die italienischen Verluste fast 170.000 Mann, davon 36.000 Tote. In der Ortigara-Schlacht zählte man 23.000 Tote und Verwundete. Damit erhöhten sich die Verluste an Gefallenen und Verwundeten bis zur zehnten Isonzoschlacht auf beiden Seiten auf rund 600.000 Menschen.

Im österreichisch-ungarischen Armeeoberkommando wußte man, daß die Stabilität der Front im Schwinden begriffen war. Daher wurde abermals überlegt, wie eine Entlastungsoffensive aussehen müßte und wo sie anzusetzen war. In einer Denkschrift vom 31. Juli 1917 faßte das AOK seine Überlegungen dahingehend zusammen, daß nicht, wie Conrad von Hötzendorf dies immer wieder gefordert hatte, ein Angriff von den Hochflächen der Sieben Gemeinden nach Art der Südtiroloffensive 1916 versucht werden sollte, sondern eine Offensive aus dem Raum Flitsch und Tolmein. In diese Planungen fiel die elfte Isonzoschlacht, in der

DIE ERNÜCHTERUNG

den Italienern fast der jahrelang gesuchte Erfolg gelang. Sie waren gegen zum Teil neue, unerfahrene Truppen im Raum nördlich von Görz zu einem größeren Geländegewinn gekommen. Triest schien in Reichweite. Doch die Kommandanten und Truppen der Heeresgruppe von Generaloberst Boroević meisterten noch einmal die Krise. Jetzt aber war die Deutsche Oberste Heeresleitung zur Truppenhilfe bereit, stellte eine neue 14. Armee auf und begann im Oktober den Truppenaufmarsch. Die Kräfte sollten auf schmalstem Raum und mit gewaltiger Artillerieunterstützung gegen die Italiener vorbrechen.

Am frühen Morgen des 24. Oktober entbrannte die 12. Isonzoschlacht. Die Italiener hatten so gut wie keine Möglichkeit, dem vernichtenden Feuer in dem engen Raum am Ausgang des Flitscher Beckens auszuweichen. Schneeregen und Nebel schufen zudem ideale Bedingungen für die Gaswerfer, deren tödliches Gift sich in der Schlucht ausbreitete. Dann begann der Infanterieangriff. In der Enge von Saga durchbrach das der deutschen 14. Armee unterstellte k. u. k. I. Korps das Grabennetz der Italiener, die teilweise durch das Giftgas getötet oder kampfunfähig waren. Südlich davon stürmten drei deutsche Korps der 14. Armee durch die Talengen und über die Begleithöhen des Kolovrat, Monte Matajur und Monte Mia. Das Problem der über die Berge angreifenden Truppen war dabei, den Anschluß an die in den Tälern vorgehenden Divisionen nicht zu verlieren. Doch nach den ersten Durchbrüchen und angesichts des Weichens der italienischen 2. Armee ging es immer weiter. Hauptstoß und Begleitstöße hatten Erfolg. Am dritten Tag brach die italienische Front zusammen. Nach insgesamt 72 Stunden stand die italienische 2. Armee vor der Vernichtung.

Am zweiten Tag der zwölften Isonzoschlacht schlossen sich auch die zwei Armeen der Heeresgruppe Boroević der Offensive an und drangen parallel zur adriatischen Küste vor. Das zwang die italienische 3. Armee zu einem raschen Rückzug. Ihre Vernichtung mißlang jedoch, da Boroević den Vormarsch deutscher Verbände in seinem Befehlsbereich zu hindern wußte und das neu gebildete Heeresfrontkommando Erzherzog Eugen nicht rasch genug eingreifen konnte. Am Tagliamento kamen die Armeen der Mittelmächte kurz zum Stehen, doch am 2. November konnte die k. u. k. 55. Infanteriedivision den Tagliamento bei Cornino überschreiten. Damit war die Überwindung des Flusses in breiter Front möglich. Der Wettlauf zum Piave begann. Die Italiener gewannen ihn zwar, überschritten den Piave und sprengten am 9. November alle Brücken, doch die Situation an der italienischen Front hatte sich innerhalb weniger Wochen von Grund auf verändert. Die Front war weit gegen Venedig verschoben worden und verlief auch im Gebirge entlang einer viel kürzeren Linie. Das Grappa-Massiv war zum Eckpfeiler der italienischen Front geworden.

Mit dem Durchbruch bei Flitsch und Tolmein begannen für die Menschen Österreich-Ungarns Wochen, in denen man glauben konnte, der Krieg würde doch noch eine entscheidende Wende zugunsten der Mittelmächte nehmen. Die Bilanz der Kämpfe war beeindruckend, auch wenn dann aufgrund des Regens und der aufgeweichten Wege sowie des allmählich versiegenden Nachschubs keine Aussicht bestand, die Offensive fortzusetzen: Rund 10.000 Italiener waren gefallen, 30.000 verwundet, 294.000 Mann in Gefangenschaft geraten, und zumindest vorübergehend sollen Hunderttausende weggelaufen sein, um nicht mehr kämpfen zu müssen.

Anfang Dezember kamen die Fronten zum Stehen. In Österreich-Ungarn sah man freilich weiterhin fasziniert auf die gewaltigen Massen von Italienern, die in die Kriegsgefangenenlager strömten. Sie wurden als deutlichster Ausdruck des Triumphs über den ehemaligen Verbündeten gesehen. Dabei kam allerdings den wenigsten zu Bewußtsein, daß die 12. Isonzoschlacht wochen-, ja monatelang die Lokomotiven und Waggons der Monarchie gebunden hatte, um den Aufmarsch und den Nachschub zu bewältigen. Und je weiter die Truppen der Mittelmächte vordrangen und je größer der Triumph wurde, umso länger waren die Züge gebunden. Während der ganzen Zeit konnte keine normale Versorgung des Hinterlandes durchgeführt, konnte keine Kohle und konnten keine Lebensmittel transportiert werden. Außerdem mußten von November an Massen von Italienern mitversorgt, ernährt und gekleidet werden, und es sollte noch lange dauern, ehe man die Italiener als Ersatz für die fehlenden eigenen Arbeitskräfte einsetzen konnte. Damit war eigentlich genau das Gegenteil von dem erreicht worden, was man sich erhofft hatte. Italien war tatsächlich an den Rand des Abgrunds gedrängt worden, aber Österreich-Ungarn hatte einen klassischen Pyrrhussieg errungen.

Am 7. November 1917 wurde der langjährige italienische Generalstabschef Cadorna entlassen und durch General Armando Diaz ersetzt. In den alliierten Konferenzen von Rapallo und Peschiera wurde Italien sofortige Hilfe der Entente zugesagt. Briten und Franzosen schickten zehn Divisionen nach Italien. Doch das reichte noch immer nicht aus, um die schwere Krise des italienischen Heeres und vor allem die Hoffnungslosigkeit der italienischen Politiker auszugleichen. Die Schwäche der Italiener, aber auch der Franzosen sowie der Ausfall der Russen ließen in der Konferenz von Rapallo am 7. November Überlegungen reifen, einen „Obersten Kriegsrat" der Alliierten einzurichten. Eben diese Schwäche und die Krise unter den Alliierten führte im Spätherbst 1917 auch dazu, daß der amerikanische Präsident Wilson immer mehr zum Sprecher der Gegner der Mittelmächte wurde. Er willigte ein, daß die USA im alliierten Obersten Kriegsrat vertreten waren. Und unter dem Eindruck des Sieges der Mittelmächte in der 12. Isonzoschlacht tat er schließlich den entscheidenden Schritt, um auch Österreich-Ungarn den Krieg zu erklären. In seiner jährlichen Botschaft an den Kongreß baute er im Jänner 1918 eine Empfehlung ein, der Kongreß möge den Verbündeten des Deutschen Reichs, nämlich Österreich-Ungarn, Bulgarien und der Türkei, den Krieg erklären. Der Kongreß stimmte zu.

Die Bedeutung dieses Schritts war Österreich-Ungarn anscheinend nicht ganz klar. Der Sieg in der 12. Isonzoschlacht und die bolschewistische Revolution in Rußland, der endlich doch Waffenstillstands- und Friedensverhandlungen im Osten folgten, ließen eine gewisse Sorglosigkeit entstehen.

Der Kriegseintritt Italiens am 23. Mai 1915 kam für Österreich-Ungarn zwar nicht überraschend, wirkte aber dennoch wie ein Schock. Pessimistische Schätzungen gingen davon aus, daß es den Italienern gelingen könnte, innerhalb von sechs Wochen bis Wien vorzustoßen. Da Italien mit der Habsburgermonarchie verbündet gewesen war, hatte man nur wenige Kriegsvorbereitungen getroffen. Dann aber mußte alles innerhalb weniger Wochen geschehen. Wieder rollten Truppentransporte an eine Front. Links: Alpenländische Truppen bei der Verlegung nach Italien. Vom Balkan wurde eine Armee in Marsch gesetzt, da der neue Kriegsschauplatz zweifellos Vorrang

besaß. Ziel dieser Verlegung war vor allem das Gebiet am Isonzo, wohin auch schleunigst die benötigten Kriegsmittel transportiert werden mußten (Mitte oben und unten). In den an Italien angrenzenden Ländern der Habsburgermonarchie meldeten sich spontan Zehntausende, die dann als Freiwilligen- oder – im Fall Tirols und Vorarlbergs – Standschützenbataillone zusammengefaßt wurden. Für sie gab es keine Altersgrenze (rechts unten). In Laibach wurde ein neues Hauptquartier bezogen. Rechts oben: General der Infanterie Svetozar Boroević, der Kommandant der k. u. k. 5. Armee am Iszonzo, mit Offizieren seines Stabes.

Anfänglich waren die österreichisch-ungarischen Truppen den Italienern nur auf einem Gebiet überlegen, nämlich in der Luft. Die k. u. k. Luftfahrtruppen konnten schon im Juni 1915 vier Fliegerkompanien mit Aufklärern und Jagdmaschinen zum Einsatz bringen und erlangten durch ein rasch anlaufendes Neubauprogramm sowie den Zukauf von Flugzeugen im Deutschen Reich eine zusätzliche

Überlegenheit. Das Abwerfen von Bomben aus der Hand (links) wurde auch sehr rasch durch mechanische Vorrichtungen ersetzt. Flieger gehörten daher gerade am italienischen Kriegsschauplatz zum Alltag und sicherten den k. u. k. Truppen so etwas wie eine Lufthoheit. Mitte unten: Abfertigung der Besatzung eines zweisitzigen Flugzeugs. Rechts: Luftkampf über dem Fajti hrib 1915. Die Ballons der k. u. k. Ballonkompanien spielten wiederum bei der Beobachtung der Truppenbewegungen und Truppenverteilung im Hinterland eine große Rolle. Dazu wurden Fesselballons verwendet (Mitte oben).

Entlang der gesamten italienischen Front begann man sich in Felsen einzurichten. War es entlang der Isonzofront der Karst, so ging es an der Kärntner und Tiroler Front ins Gebirge.

Wo Seilbahnen endeten oder Armierungsstraßen mündeten, entstanden regelrechte Siedlungen im Fels. Links: Die „Postkartenversion" des Gebirgskriegs: K. u. k. Truppen beim Durchsteigen einer

Felswand. Rechts: Ein Stabsquartier im Gebiet des Krn. Im Vordergrund eine 10 cm Gebirgshaubitze, Muster 1909.

Daß die Truppen im Gebirge nicht nur vom Feind, sondern vor allem von Witterungsunbilden gefährdet waren, wurde spätestens im Winter 1915/16 klar.

Es gab kein „ungangbares Gelände" mehr. Waffen, Munition, Geräte aller Art, Pioniermittel, Sprengstoff, Sanitätsmaterial, Barackenteile, Holz, Wasser, Verpflegung, Fernmeldegerät, Marketenderwaren, Post, Beleuchtungsmittel und vieles andere wurde auf die entlegensten Höhen gebracht. Und selbstverständlich wurden diese Höhen auch beschossen.

Links oben: Eine Stabskompanie des sogenannten V. Abschnitts in einer Kammstellung. Links unten: Eine tragbare Funkstation im Hochgebirge. Mitte oben: Kammweg und Beobachter in 3.600 Meter Höhe.

Mitte unten: Ein kavernierter Kommandostand an der Südwestfront.
Rechts: Ein 30,5 cm-Mörser in 1.717 Meter Höhe.

Auch das Hinaufbringen von Geschützen in große Höhen gehörte auf dem italienischen Kriegsschauplatz bald zu den Selbstverständlichkeiten. Soferne die Voraussetzungen dafür zu schaffen waren, konnten auch Geschütze großen Kalibers in den Kampf um die Gipfel und Höhenzüge eingreifen. An der Südtiroler Front waren daher 30,5 cm-Mörser und 38 cm-Haubitzen gängige Waffen. Links oben: Bezie-

hen einer Feuerstellung durch eine Gebirgskanonenbatterie an der Tiroler Grenze. Links unten: Tarnung einer Nachschubstraße an der Südwestfront, um den Transport von Menschen und Kriegsmitteln zu verschleiern. Rechts: Ein Knüppelweg in das Gebiet des Col di Lana und Monte Sief, Eckpfeiler in der Verteidigung des Abschnitts Buchenstein der Dolomitenfront.

Beim Krieg Österreich-Ungarns gegen Italien kam von allem Anfang an sehr viel Emotion ins Spiel. Die Italiener wurden des Verrats beschuldigt. Die Italiener ihrerseits klagten, daß die österreichisch-ungarischen Soldaten den Krieg mit unnötiger Grausamkeit führten. Die Schlachten am Isonzo wurden auch von Mal zu Mal verlustreicher. Kriegsgefangene machten nur einen relativ kleinen Teil der Gesamtverluste aus. In der dritten Isonzoschlacht büßte die italienische Armee 67.000 Mann ein. Links: Gefangene italienische Soldaten nach der 3. Isonzoschlacht, Anfang November 1915. Fand sich dann unter den Gefangenen ein österreichisch-ungarischer Staatsbürger oder gar ein Prominenter,

wie der ehemalige Reichsratsabgeordnete Dr. Cesare Battisti, dann wurde gegen ihn ein Hochverratsprozeß geführt. Mitte oben: Der als italienischer Offizier gefangen genommene C. Battisti auf der Fahrt durch Trient. Mitte unten: Die Hinrichtung Battistis im Juni 1916 in der Festung Trient. Fotos, wie jene von der Hinrichtung Battistis oder vergleichbare, zeigen die scheinbare Gleichgültigkeit der Umstehenden, doch ist ihnen zugute zu halten, daß sie durch das gesehene und erlittene Leid abgestumpft waren. Rechts oben: Das Absammeln von Waffen bei einer Verwundetensammelstelle an der Isonzofront. Rechts unten: Abtransport von Verwundeten der Isonzofront in die Heimat

Die k. u. k. Kriegsmarine hatte bis zum Krieg gegen Italien nur geringe Aktivitäten gezeigt. Der Flottenkommandant, Admiral Anton Haus, wollte möglichst wenig riskieren und insbesondere die Schlachtschifflotte keiner besonderen Gefährdung aussetzen. Vielleicht hatte auch die Versenkung des k. u. k. Kreuzers „Zenta" durch ein französisches Geschwader am 16. August 1914 dazu beigetragen, daß sich die öster-

reichisch-ungarischen Seestreitkräfte in ihre Häfen zurückzogen. Rechts: Matrosen mit der Flagge des Kreuzers „Zenta" oberhalb der Bucht von Cattaro. Statt dessen wurden die Häfen an der Landseite und gegen die offene See stark gesichert. Links unten: Drahthindernisse im Gebiet des Kriegshafens von Pola. Gegen Italien aber wurde die k. u. k. Kriegsmarine schlagartig aktiv und beschoß schon am 24. Mai 1915 zahlreiche Punkte der italienischen Küste. Auch der Kampf gegen die italienische Flotte wurde aufgenommen. Links oben: Das österreichisch-ungarische Torpedoboot 72 F vor der italienischen Ostküste.

Zu den herausragendsten Geschehnissen an der Tiroler Front gehörten die Kämpfe um die Sperrforts. Trotz des Bündnisses, das zwischen Italien und Österreich-Ungarn bestanden hatte, waren zwischen Rovereto und dem Val Sugana beiderseits der Reichsgrenze große Befestigungsanlagen entstanden, wobei die Eigentümlichkeit der österreichischen Sperrforts darin bestand, daß sie zwar mächtige Bauwerke, jedoch artilleristisch

schwach bestückt waren. Die Italiener hingegen begannen, die österreichisch-ungarischen Sperrforts mit Geschützfeuer zu überschütten. Die Hochfläche der Sieben Gemeinden war bald in Rauch gehüllt (links unten), und die Werke von Serrada, Sommo (rechts unten), Sebastiano, Gschwendt (links oben) Verle und Cima di Vezzena verwandelten sich in Trümmerhaufen. Keines der österreichischen Sperrforts mußte jedoch aufgegeben werden, da es die Italiener verabsäumten, mit Infanterie über die Hochfläche anzugreifen.

Auf dem russischen Kriegsschauplatz ging die Offensive der Mittelmächte auch im Sommer 1915 weiter. Am 22. Juni wurde als nächstes großes Operationsziel die galizische Hauptstadt Lemberg erreicht. Die k. u. k. 2. Armee nahm für sich in Anspruch, Lemberg zurückerobert zu haben. Die österreichisch-ungarischen Truppen zogen durch Lemberg und ließen sich feiern.

Links oben: Der Einzug des Bukowina'schen Infanterieregiments Nr. 41. Bald folgte auch die Prominenz, wie zum Beispiel König Ludwig III. von Bayern in Feldmarschallsuniform und mit großer Begleitung, Juli 1915 (links unten). In Wien aber gab es ein ein seltenes Ereignis, da nicht nur Fahnen gehißt und Glocken geläutet wurden, sondern auch eine Freudenkundgebung in Schönbrunn angesetzt war, die Kaiser Franz Joseph auf dem Balkon entgegennahm (rechts).

Bald nach der Einnahme Lembergs verfolgten die österreichisch-ungarischen und die deutschen Armeen wieder eigene Operationsziele. Für die k. u. k. Armee endete jedoch die Sommerschlacht im Osten mit einem Mißerfolg. Zwar wurden noch Teile von Russisch-Polen besetzt und zogen am 26. August 1915 österreichische Truppen in Brest-Litovsk ein (links), doch dann kam der Vormarsch zum Erliegen, und wieder

stelle sich der mitunter trostlose Frontalltag ein. Es wurde geschossen, ein wenig marschiert, gelagert und Unterkunft bezogen. Es regnete, gab Läuse und Flöhe im Übermaß. Die Ostfront versank im Herbst 1915. Rechts oben: Österreichisch-ungarische Soldaten bei der Menageverteilung aus einer Feldküche. Rechts unten: Pferdekadaver, die zur „Fettschmelze" vorbereitet waren.

Am 5. Oktober 1915 begann die 4. Offensive gegen Serbien. Die Initiative war diesmal von der Deutschen Obersten Heeresleitung ausgegangen, die Serbien niederwerfen wollte, um eine Landverbindung zum Osmanischen Reich herstellen zu können. Bulgarien schloß sich den Mittelmächten an. Für die k. u. k. 3. Armee war lediglich eine Art Mitwirkung vorgesehen. Sie sollte in die unwegsameren Regionen Serbiens vordringen, während Deutsche und Bulgaren vornehmlich die Flußtäler nutzten. Nach rund einem Monat konnte Serbien als besiegt gelten. K. u. k. Truppen hatten auf Schiffsbrücken die Save überquert (links)

und waren dann in Gebiete vorgedrungen, die sie schon 1914 kennengelernt hatten. Sie überquerten Kolubara und Ljig, kamen ins Ibartal und gingen gegen Montenegro vor. Einige wenige Truppen zogen auch durch Belgrad. Rechts oben: Eine Maschinengewehrabteilung beim Marsch durch Belgrad. Anschließend stieß die deutsche 11. Armee durch das Moravatal nach dem Süden vor, während sich die k. u. k. Truppen bei der Verfolgung der Serben gegen Montenegro wandten. Rechts unten: Österreichisch-ungarische und deutsche Truppen beim Vormarsch in Serbien, Ende Oktober 1915.

Ende November erreichte die k. u. k. 59. Infanterie-Division Mitrovica und damit das Amselfeld. Serbien war besiegt und es galt nur mehr, die Gefangenen zu sammeln und die Kriegsbeute in Augenschein zu nehmen. Für historische Betrachtungen über die Rolle des Amselfelds in der serbischen Geschichte fehlten vielleicht die Zeit und die Voraussetzungen. Links oben: Straßenszene in Mitrovica.

Links unten: Erbeutete Geschütze und serbische Gefangene an der Ibarbrücke bei Mitrovica. Die serbischen Kriegsgefangenen vermittelten häufig kaum mehr den Eindruck von regulären Soldaten. Sie waren teilweise nur in Fetzen gekleidet und barfuß (rechts oben). Im Spätherbst 1915 versank auch das Amselfeld im Schlamm (Mitte unten). Schließlich erreichte die k. u. k. 9. Gebirgsbrigade das stark von Albanern besiedelte Gebiet von Ipek (Peć), wo eine Feldmesse gefeiert wurde (rechts unten).

Den serbischen Truppen blieb Ende 1915 nur mehr der Weg nach Montenegro und weiter nach Albanien. Sie mußten fast ihre gesamte Artillerie und den militärischen Troß zurücklassen, der den Deutschen, Bulgaren und den österreichisch-ungarischen Truppen in die Hände fiel (links oben). Die Serben, in ihrer Mitte der König, flohen über die Schneewüste des Čakorpasses und weiter über die unwirtlichen Berge Montenegros und

Albaniens an die Küste (links unten). Währenddessen war Montenegro auch von der Küste her angegriffen worden, die österreichisch-ungarischen Flotteneinheiten beschossen die montenegrinischen Stellungen auf dem Lovćen, und die k. u. k. 47. Infanteriedivision kämpfte sich den steilen Bergrücken empor. Oben rechts: Das Schlachtschiff „Monarch" (im Hintergrund der Kreuzer „Aspern") in der Bucht von Cattaro und in Feuerstellung gegen den Lovćen. Mitte oben: Ungarischer Landsturm an den Abhängen des Lovćenmassivs. Unten rechts: Reste einer montenegrinischen Batterie auf dem Lovćen

Serben und Montenegriner wurden von den k. u. k. Truppen überholt und teilweise eingekreist. Die Flucht endete irgendwo in den verschneiten Bergen (links oben und unten). Wie an den meisten Frontabschnitten wurden bald nach dem Durchzug der Truppen Arbeitsbataillone eingesetzt, um die Straßenverbindungen wieder herzustellen, die Infrastruktur zu verbessern und Hilfsdienste, wie z. B. Verwundetentransporte durchzuführen. Rechts oben: Verwundetenabtransport durch kriegsgefangene Russen am Lovćen. Währenddessen bemühte sich die montenegrinische Regierung, einen Sonderfrieden auszuhandeln, doch Österreich-Ungarn

verlangte eine bedingungslose Kapitulation. Am 13. Januar 1916 bat Montenegro um einen ehrenvollen Frieden. Rechts unten: Eintreffen eines Autos mit montenegrinischen Parlamentären bei den österreichisch-ungarischen Vorposten auf der Straße Rijeka-Podgorica. Doch erst nachdem sich Montenegro bereit erklärt hatte, alle Bedingungen Österreich-Ungarns zu akzeptieren und am 23. Januar die vollständige Kapitulation erfolgte, willigte die Regierung in Wien in die Einstellung der Kämpfe. Österreichisch-ungarische Truppen stießen in die montenegrinische Hauptstadt Cetinje vor (Mitte).

Die Alliierten bemühten sich, die Reste des serbischen Heeres über Albanien nach Korfu zu transportieren, um dort eine neue serbische Streitmacht aufzustellen. Links unten: Transport von Resten des serbischen Heeres über den Ochridasee nach Albanien. Mittlerweile hatten sich die deutschen, österreichisch-ungarischen und bulgarischen Besatzungstruppen einzurichten begonnen

und beherrschten zumindest zeitweilig das Straßenbild.
Links oben: Platzkonzert einer k. u. k. Militärkapelle in Priština am 1. Januar 1916.

Rechts: Bulgarische Soldaten in einem mazedonischen oder südserbischen Ort.

Anfang 1916 stieß das k. u. k. XIX. Armeekorps nach Albanien vor. Da Albanien kein Feindstaat war, übte Österreich-Ungarn in der Folge eine Art Schutzmachtfunktion aus und gewann in Albanien auch durchaus Sympathien. Es war unvergessen, daß dieses Land seine 1912 erlangte Unabhängigkeit nicht zuletzt Österreich-Ungarn zu verdanken hatte. Umgekehrt tat Österreich-Ungarn vieles, um das

rückständige Land zu modernisieren. Bald tauchten auch Überlegungen auf, Albanien an Österreich-Ungarn anzuschließen, und der Besuch einer albanischen „Huldigungsdelegation" bei Erzherzog Max im Wiener Palais Augarten (links unten) kam wohl nicht von ungefähr. Das Land übte einen exotischen Reiz aus.
Links oben: Eine Gruppe von Albanern in Elbasan mit einer Zeitschrift, die wohl niemand lesen konnte. Rechts: Österreichisch-ungarische Truppen und ein Kontingent albanischer Freiwilliger in der Nähe von Durrës.

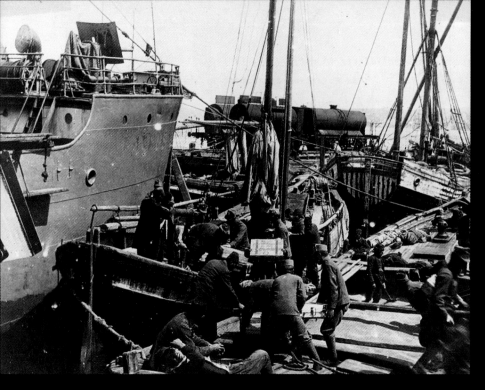

Die Niederwerfung Serbiens und Montenegros ermöglichte tatsächlich die Herstellung einer Landverbindung in das Osmanische Reich. Sie wurde dazu benützt, um die Türken mit Kriegsmitteln, aber auch mit Truppen zu unterstützen. Österreich-Ungarn beteiligte sich an diesem Vorhaben in erster Linie durch Ausbildungstruppen, durch Pioniere und mit Artillerie. Schließlich nahmen k. u. k. Truppen

auch an Vorstößen nach Syrien und bis an den Suez-Kanal teil. Links oben: Das Umladen von Munition und anderen Rüstungsgütern durch österreichisch-ungarische Soldaten im Hafen von Konstantinopel.

Rechts: Eine österreichisch-ungarische Haubitzenbatterie auf der Fahrt über die Galatabrücke. Links unten: Das Beladen türkischer Lastkamele im Hinterland der sogenannten Salonikifront.

n Italien war seit dem Juni 1915 ein Ab-
nützungskrieg im Gang. Das italienische
Heer drängte nach Görz und Triest, doch
n vier Schlachten hatten die Italiener nur
wenige Kilometer gewonnen. Die Verluste
uf beiden Seiten gingen bereits in die

Hunderttausende. Auch das Hinterland
war ganz kriegsmäßig geworden, was
man nicht zuletzt daran merkte, daß
immer mehr Orte etappenmäßig
ausgestattet und gegen Fliegersicht
gedeckt wurden (links).

Während der ersten beiden Schlachten
hatte es noch kaum Stellungen gegeben. Mittlerweile hatten die k. u. k.
Truppen wie die Italiener gelernt, sich
einzugraben, um zumindest gegen
Splitterwirkung geschützt zu sein.

Mitte oben: Sandkörbe zum Ausbau einer Stellung im Isonzogebiet.
Mitte unten: Bosnisch-herzegowinische Soldaten bei der Einnahme ihrer Menage auf dem Ravelnik in der Nähe von Flitsch.

Da es sich gezeigt hatte, daß die Gewehre mit aufgepflanztem Bajonett für den Grabenkrieg kaum geeignet waren, fertigten sich die Soldaten Prügel an, die eher in die Bauernkriege des 16. Jahrhunderts als in den Ersten Weltkrieg zu passen schienen.
Rechts: Österreichisch-ungarische Soldaten mit Streitkolben im Brückenkopf Görz, April/Mai 1916.

Am 11. März 1916 entbrannte die 5. Isonzoschlacht, die von den Italienern jedoch nach wenigen Tagen abgebrochen wurde. Nicht aber, weil sie auf übermächtigen Widerstand gestoßen wären, sondern weil sie Kenntnis von der Vorbereitung einer österreichisch-ungarischen Offensive bekommen hatten. Bei Pevma, nördlich von Görz (links oben: eine österreichisch-ungarische Kaverne), aber auch weiter

nördlich, wie zum Beispiel in Dolje nördlich von Tolmein (links unten), ebenso aber für die Truppen im Krngebiet (unten rechts) schwand die unmittelbare Gefahr. Auch die Zivilbevölkerung in Görz hatte noch eine Gnadenfrist bekommen, die sie allerdings für die Flucht aus der Stadt nutzte (Mitte oben). Am 15. Mai 1916 begann die österreichisch-ungarische Südtiroloffensive mit großen Anfangserfolgen.

Rechts oben: Die bekannteste österreichische Kriegsberichterstatterin, Alice Schalek, an der Tiroler Front.

Links: Österreichisch-ungarische Sanitäts-Hundeführer an der Isonzofront. Auf vielen Fotos aller Armeen des Ersten Weltkriegs finden sich Tiere. Am häufigsten Hunde. Große Hunde wurden zu Meldediensten, Botengängen, Postendienst und zum Aufspüren Verwundeter eingesetzt. Sie halfen beim Munitionsnachschub im unwegsamen Gelände und beim Auslegen von Telefonleitungen.

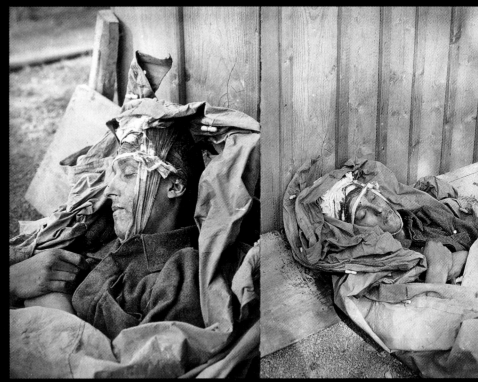

Vier bis fünf konnten ein Pferd ersetzen. Kleine Hunde dienten als Rattenfänger.
Pferde, Maultiere, Esel und Ochsen zogen so ziemlich alles, was im Krieg bewegt werden sollte.

Rechts oben: Das Trainlager der k. u. k. 1. Division südlich von Tolmein. Tier und Mensch verband oft die Frage:
Wo sind sie geblieben?

Rechts unten: K. u. k. Infanterist, gestorben durch Kopfschuß am 5. März 1916, Isonzofront.

Seit es Krieg gegen Italien gab, wurde im k. u. k. Armeeoberkommando über eine Offensive nachgedacht. Im Frühjahr 1916 war es so weit. Mit dieser Offensive wollte man die k. u. k. Armeen auch aus dem Gebirge herausführen und den Kampf in Schnee und Eis und um die Berggipfel beenden. Mitte oben: Unterstand im ewigen Eis, wahrscheinlich der Marmolada. – Noch dazu hatten die Italiener am Col di Lana damit begon-

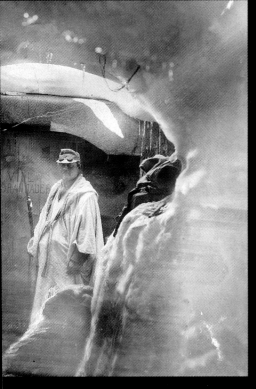

nen, die k. u. k. Truppen aus ihren Gipfelstellungen herauszusprengen. Auch die k. u. k. Truppen beteiligten sich am Minenkrieg. Mitte unten: Bergung eines österreichisch-ungarischen Sappeurs aus einem Minenstollen. Für die Südtiroloffensive wurde ein neues Heeresgruppenkommando unter Erzherzog Eugen gebildet. Links: Generaloberst Erzherzog Eugen bei einer Truppeninspektion, April/Mai 1916. Mit dem Vorstoß nach dem Süden verloren die österreichischen Sperrforts schlagartig ihre Bedeutung. Rechts oben: Offiziere und Werksbesatzung des Werks Sommo. Rechts unten: Italienische 28-cm-Mörser im Werk Campomolon.

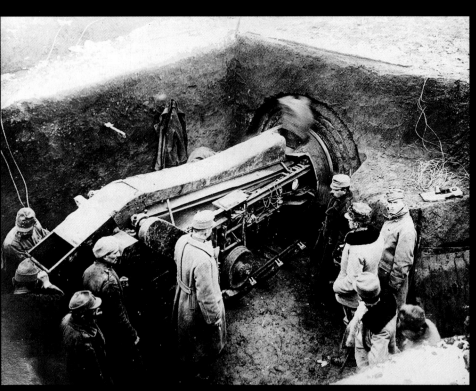

Anfang Juni 1916 war es klar, daß die Südtiroloffensive ihre gesteckten Ziele nicht erreichen würde. Die k. u. k. Truppen mußten zurückgenommen werden und die Sperrforts wurden wieder in Stand gesetzt, blieben allerdings bis Kriegsende weit hinter der Front. Doch der Krieg im Hochgebirge ging weiter.

Links oben: Der Frontgraben des schwer beschädigten Sperrforts Lusern mit Spanischen Reitern. Links unten: Eine sogenannte Grasern'sche Bohrmaschine zum Stollenvortrieb im Gebirge.

Rechts: Die höchste Artilleriestellung des Ersten Weltkriegs: Eine 7-cm-Gebirgskanone, Muster 1899, auf dem Ortler in knapp 3.900 m Höhe.

Monatelang hatte man 1916 über das Geschehen an der russischen Front sagen können „Im Osten nichts Neues". Die k. u. k. Armeen hatten die sogenannte „Dauerstellung" bezogen und sich darin eingerichtet, so gut es eben ging. Arbeitsbataillone aber auch viele andere entbehrlich scheinende Soldaten waren abgestellt worden, um bei der Frühjahrsaussaat zu helfen (links unten). Soldaten

wurden zum Straßen- und Bahnbau eingesetzt, und wenn es nichts anderes zu tun gab, klopften sie Steine (links oben). Fein säuberlich wurden Dosen und Kartuschen, wiederverwertbare Rohstoffe und Materialien gesammelt (rechts oben) und weiter im Hinterland verwandelten sich die Stellungen in Frontstädte, die regelrecht ausgestaltet und begrünt wurden (rechts unten).

Am Sitz des Armeeoberkommandos in Teschen hatte sich in der ersten Jahreshälfte 1916 auch eine Art Tourismus herausgebildet, dem sowohl politische als auch militärische Ziele anhafteten.

Zar Ferdinand I. von Bulgarien kam (links oben: Am 13. Februar 1916 am Bahnhof von Teschen; rechts von ihm Erzherzog Friedrich), um bulgarische Wünsche auf Mazedonien anzumelden.

Offiziere neutraler Staaten, wie der Chef des Nachrichtendienstes im schweizerischen Militärdepartement, Oberst Karl Egli (links unten) verband mit seinem Frontbesuch wohl wiederum primär militärische Fragen. Bei diesen Besuchen war es auch üblich geworden, die Russen als mehr oder weniger besiegt darzustellen. Um so überraschender war es dann, daß am 4. Juni 1916 unter dem Oberbefehl von General Aleksej Brusilov (rechts im Bild) eine russische Offensive nicht nur losbrach, sondern auch die österreichisch-ungarische Front zum Einsturz zu bringen drohte.

Das Schwergewicht der Brusilov-Offensive lag im Raum zwischen Olyka und Luck, wo den Russen am dritten Tag ihrer Offensive der Durchbruch gelang. Die k. u. k. 4. Armee wurde dezimiert.

Der Armeeoberkommandant, Erzherzog Joseph Ferdinand, wurde noch während der Schlacht abgelöst. Links oben: Österreichisch-ungarische Soldaten, die während der Brusilov-Offensive in russische

DIE BRUSILOV-OFFENSIVE
(Juni bis August 1916)

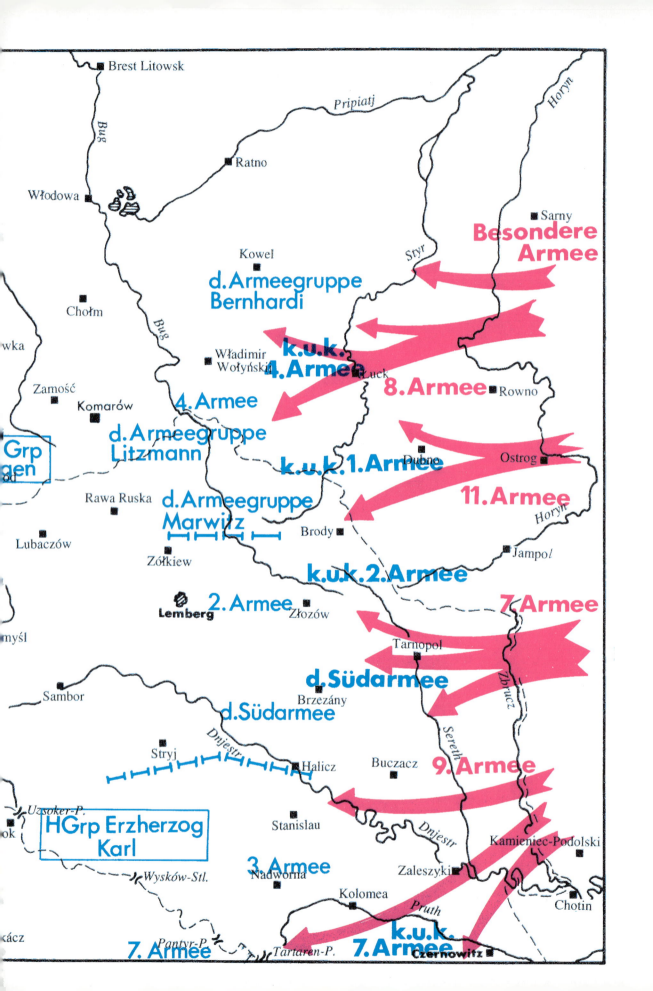

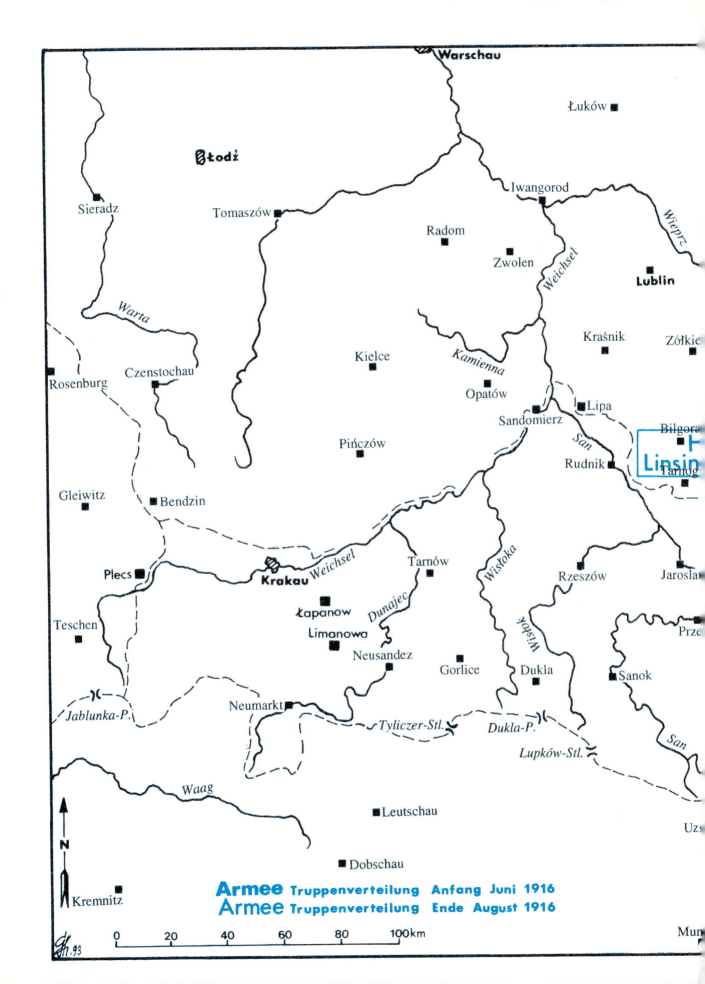

Kriegsgefangenschaft gerieten. – Es halfen weder Tapferkeit noch die wenigen zur Verfügung stehenden Reserven. Links unten: Das bosnisch-herzegowinische Infanterieregiment Nr. 1 im Gefecht am 9. Juni 1916 an der Wosuszka. Die Südtiroloffensive mußte endgültig abgebrochen werden, doch die k. u. k. Truppen reichten in keinem Fall aus. Es war abermals massive deutsche Truppenhilfe notwendig, die dann die Russen zum Stehen brachte.
Rechts: Österreichisch-ungarische und deutsche Soldaten in einem Schützengraben.

Da die Brusilov-Offensive fast zur Katastrophe des k. u. k. Heeres im Osten geführt hatte, reifte in den obersten Kommanden der Mittelmächte der Plan, eine Gemeinsame Oberste Kriegsleitung zu bilden, in der dem deutschen Kaiser das letzte Wort beschieden war. Kaiser Franz Joseph und das k. u. k. Armeeoberkommando fügten sich. Die Details des Übereinkommens blieben geheim, und mit den Fotos über die

Waffenbrüderschaft ließen sich unzählige Probleme überdecken. Links oben: Russische Kriegsgefangene werden von österreichisch-ungarischen Soldaten bewacht. Links unten: „Ausspeisung der notleidenden russischen Bevölkerung durch österreichisch-ungarische Truppen". Rechts unten: Reste der russischen Brigade Nr. 6 in Zborów. Rechts oben: Wieder einmal das Tier: Hundetrain in Przewloka.

Zu den besonderen Erscheinungen des Kriegs im Osten kam in der zweiten Jahreshälfte 1916 auch, daß türkische Truppen eingesetzt wurden. Damit sollte das enge Zusammenwirken der Mittelmächte besonders hervorgestrichen und eine Art Ausgleich für die deutschen und österreichisch-ungarischen Truppenhilfen geschaffen werden. Der österreichisch-ungarische Thronfolger, Erzherzog Karl Franz Joseph, seit

Herbst 1916 Kommandant einer Heeresgruppe, der auch türkische Truppen unterstellt wurden, ließ es sich nicht nehmen, die ankommenden Türken zu begrüßen (rechts). Die Einhaltung von Speisevorschriften für die moslemischen Türken sollte für Österreich-Ungarns Vielvölkerheer auch kein besonderes Problem mit sich bringen (links oben). Im übrigen versorgten sich die Türken jedoch selbst. Die Soldaten des Osmanischen Reichs, die auch gegen Rußland einen Heiligen Krieg führten, hatten ebenso ihre Totenverluste wie alle anderen Armeen. In Podwiesoky wurde ein türkischer Soldatenfriedhof angelegt (links unten).

Wieder erstarrte die Front im Osten und forderte des „Dienstes immer gleichgestellte Uhr" ihren Tribut. Im Spätherbst und Winter 1916 wurde gekämpft, gewacht, der Alltag bewältigt und das Ende des Krieges herbeigesehnt. Links: Ein Frischwasserbrunnen österreichisch-ungarischer Truppen des Korps Hofmann der Deutschen Südarmee südwestlich von Tarnopol.

Mitte oben: Sturmübung der k. u. k. 25. Infanteriedivision im Raum Brody.
Mitte unten: Stacheldrahthindernisse mit einer vorbereiteten Strohfeuerleuchte vor einer Feldwache von k. u. k. Truppen im Raum Bieniawa.
Rechts: Schützengraben in den Häuserruinen von Baranowka mit einer Alarmglocke für Gasangriffe.

Am 27. August 1916 erklärte auch Rumänien Österreich-Ungarn den Krieg. Drei rumänische Armeen begannen mit dem Vormarsch nach Siebenbürgen, das von einer schwachen österreichisch-ungarischen Armee verteidigt wurde. Drei Wochen hindurch mußte die k. u. k. 1. Armee unter General Arz von Straußenburg die Rumänen aufzuhalten suchen. Die Verluste hielten sich in Grenzen. Links oben: Österreichisch-ungarische Soldaten in rumänischer Kriegsgefangenschaft in Kronstadt. Dann kam die Gemeinsame Oberste Kriegsleitung zur Geltung. Das Deutsche Reich erklärte seinerseits Rumänien den Krieg und zog von

allen Fronten Truppen zur Aufstellung einer neuen 9. Armee unter Generaloberst Erich von Falkenhayn zusammen. Die Erleichterung in Österreich-Ungarn war groß. Man jubelte den Deutschen zu (links unten). Für Rumänien aber entwickelte sich der Krieg zum Debakel.

Rechts: Generaloberst von Falkenhayn bei einer Lageeinweisung für den österreichisch-ungarischen Armeeoberkommandanten Erzherzog Friedrich in der Nähe von Hermannstadt.

Den rumänischen Truppen gelang es zwar, sich für kurze Zeit an den Pässen im Süden Siebenbürgens festzusetzen, doch dem gemeinsamen Ansturm von deutschen, österreichisch-ungarischen, bulgarischen und türkischen Truppen waren sie nicht gewachsen. Links oben: Deutsche Truppen auf dem Vormarsch bei Petroșany. Obwohl die Waffenbrüderschaft immer wieder hervorgestrichen wurde

(links unten: Österreichisch-ungarische Soldaten mit einem deutschen Verwundeten), blieb der unverwischbare Eindruck, daß es sich bei der Offensive gegen Rumänien um einen deutschen Blitzsieg handelte. Für die Toten blieb es sich gleich. Rechts: Frauen, Kinder und tote Soldaten hinter dem Bahnhof von Kronstadt.

Im Verlauf des Feldzugs gegen Rumänien machte auch die k. u. k. Kriegsmarine mit ihrer Donauflottille von sich reden. Vor allem die Monitoren verhinderten ein Übersetzen rumänischer Truppen an das Südufer des Stroms und unterstützten die Truppen der Heeresgruppe Mackensen bei ihrer eigenen Operation zur Überquerung der Donau. Links oben: Die österreichisch-ungarischen Monitoren „Enns" und „Inn" bei

Rusczuk; im Hintergrund die Pontonbrücke nach Giurgiu. Links unten: Besatzungsmitglieder des Monitors „Körös", der bei der Zerstörung einer rumänischen Kriegsbrücke bei Rahovo Schäden erlitten hatte. Am 6. Dezember 1916 gaben die Rumänen Bukarest auf. Die Truppen der Mittelmächte richteten sich zur Besetzung Rumäniens ein. Mitte: Ein österreichisch-ungarischer Soldat in einem Erdloch des Schützengrabenabschnitts Ciuslea. Rechts oben: Zusammenstellen eines rumänischen Gefangenentransports.
Rechts unten: „Zigeuner mit seiner Geige".

Gegen Jahresende 1916 gab es in Österreich-Ungarn zwei schwere innenpolitische Erschütterungen. Am 21. Oktober wurde in Wien der österreichische Ministerpräsident Karl Graf Stürgkh (links) ermordet. Er hatte die Politik ganz dem Krieg unterzuordnen gesucht, regierte ohne Parlament und nur durch die Legitimation des Kaisers. Dem k. u. k. Armeeoberkommando war sein Regime dennoch zu milde.

Friedrich Adler erschoß ihn. Genau einen Monat später, am 21. November 1916, starb Kaiser Franz Joseph im 86. Lebensjahr. Während der letzten Jahre seines Lebens hatte er kaum mehr gestaltend in die Politik eingegriffen, sieht man davon ab, daß er 1914 mit der Kriegserklärung gegen Serbien das Seine dazu beigetragen hatte, den Ersten Weltkrieg zu entfesseln. Am 30. November 1916 wurde er zu Grabe getragen. Rechts: Nach der Einsegnung in der Hofburgkapelle wird der Sarg Franz Josephs in den Leichenwagen gehoben. Links im Hintergrund die königlich-ungarische Leibgarde.

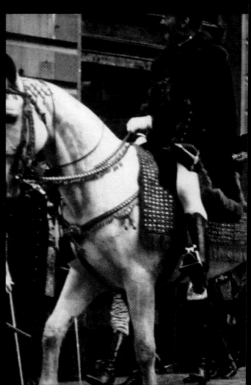

Überall, wo österreichisch-ungarische Truppen standen, wurden Ende November 1916 Gottesdienste für Kaiser Franz Joseph abgehalten. So auch vor der Grabeskirche in Jerusalem (links). Schon Tage vorher war damit begonnen worden, die österreichisch-ungarischen Truppen auf den neuen Monarchen, den Kaiser und König Karl zu vereidigen. Mitte oben: Eidesleistung auf den neuen Monarchen in Bethlehem. Rechts oben:

Vereidigung beim Heeresfrontkommando Generaloberst Erzherzog Joseph in Schäßburg, jenem Kommando, das Karl bis zu seiner Thronbesteigung innegehabt hatte. Als ein besonderes Zeichen gegenüber Ungarn war dann zu werten, daß sich Kaiser Karl am 30. Dezember 1916 auch zum König von Ungarn krönen ließ: König Karl IV. (rechts unten). In Prag gab es keine Krönung.

1917 erreichte die Rüstungsindustrie in Österreich-Ungarn den höchsten Ausstoß, doch da es immer schwieriger wurde, die Rohmaterialien aufzutreiben, zeigten sich auch schon deutlich Krisensymptome. Die „patriotische Kriegsmetallsammlung" brachte kaum mehr Ergebnisse. Links oben: Postkarte „Einsammeln von Metallen durch Schüler". Viele Monate hindurch waren im Militärkasino auf dem Wiener Schwarzenbergplatz die schönsten Beispiele für Spenden der „Patriotischen Kriegsmetallsammlung" ausgestellt worden (links unten). In den großen Rüstungsbetrieben, vor allem bei den Škodawerken in Pilsen, wurden ungeheure Mengen an Waffen

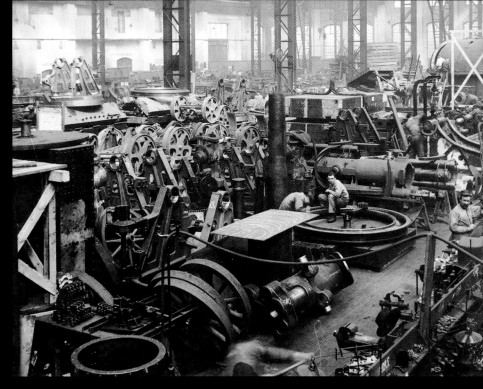

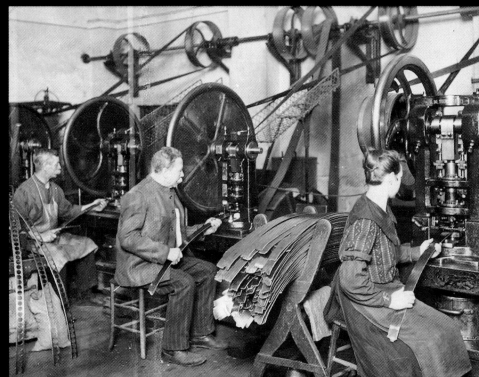

und Munition produziert. Zeitweilig arbeiteten die Mitglieder der Belegschaft 110 Stunden in der Woche. Mitte oben: Die Geschoßpresserei der Škodawerke. Mitte unten: Eine Bessemerbirne in der Stahlgießerei der Škodawerke. Rechts oben: Die sogenannte Große Montierungshalle der Škodawerke. Mit einem nicht unbeträchtlichen Einsatz wurde auch Anfang 1917 eine neue Dekoration geprägt, das „Karl-Truppen-Kreuz", eine Auszeichnung, die allen jenen gebührte, die zumindest 90 Tage bei einer zum Kampf bestimmten Einheit an der Front waren (rechts unten).

Anders als Kaiser Franz Joseph, der keine Truppenbesuche mehr durchführen konnte, war Kaiser Karl bemüht, sich möglichst häufig bei den Soldaten an den diversen Fronten zu zeigen. Das sollte nicht zuletzt unterstreichen, daß sich der Kaiser als einer der Ihren fühlte und sich ihrer Sorgen annahm. Links: Kaiser Karl auf dem österreichisch-ungarischen Schlachtschiff „Szent István", De-

zember 1916. Hinter dem Kaiser Großadmiral Haus (links) und Vizeadmiral Njegovan.
Doch der Kaiser hatte sich nicht nur um die Lage an den Fronten zu kümmern, denn die Innenpolitik forderte immer stärker ihre Rechte. In Österreich galt es vor allem, den Parlamentarismus wieder zum Funktionieren zu bringen und den Reichsrat zusammentreten zu lassen. Ende Mai 1917 war es so weit.

Rechts: Abgeordnete und Honoratioren auf dem Wiener Heldenplatz am Weg zur Thronrede des Monarchen (31. Mai 1917).

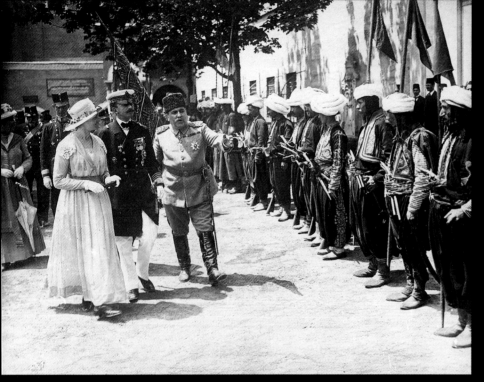

Kaiser Karl ließ bei seinen Bemühungen, den Anbruch einer neuen Zeit zu unterstreichen, auch die Jugend nicht aus. Manchmal zeigte er eine regelrechte Hektik, wenn er einmal hier, einmal dort auftauchte, um einen Besuch zu machen oder auch nur um gesehen zu werden.
Rechts: Besuch bei den Wiener Pfadfindern am 30. April 1917. Rechts neben dem Kaiser der

damalige Unterrichtsminister und spätere österreichische Ministerpräsident Max Freiherr von Hussarek-Heinlein und Landesverteidigungsminister Generaloberst Friedrich von Georgi. Der Kaiser und seine Frau Zita besuchten schließlich auch Bulgarien und die Türkei. Links oben: Das österreichisch-ungarische Herrscherpaar vor dem Askerimuseum in Konstantinopel im Mai 1918, bei der Besichtigung einer als Janitscharen gekleideten Gruppe. – Links unten: Kaiser Karl beim Besuch der Truppen in Siebenbürgen am 17. Juni 1917. Neben dem Kaiser Generaloberst Hermann Kövess von Kövessháza

Kaiser Karl empfing im Schloß Laxenburg bei Wien, wohin er übersiedelt war, um auch auf diese Weise den Bruch mit der Ära Franz Josephs deutlich zu machen, Professoren der Medizinischen Fakultäten von Wien und Budapest (links oben: Zweiter und dritter von links die Professoren Dr. Anton Freiherr von Eiselsberg und Dr. Julius Tandler). Dann ging es nach Czernowitz, das nach mehr als einjähriger Besetzung durch die Russen wieder erobert worden war. Links unten: Huldigungsadresse der Honoratioren von Czernowitz am 6. August 1917. Elf Tage später nahm der Kaiser die Promotion von Kommandeuren und Rittern des Militär-Maria-Theresien-Ordens vor. Rechts

unten: (von links) Generaloberst Dankl, Leutnant Cumin, Hauptmann Prochaska, Hauptmann Glogovac, Generaloberst Wurm, General Schariczer, Generalmajor Janecka – Kaiser Karl – Generaloberst Erzherzog Joseph. Einen Kontakt scheute der Kaiser jedoch, nämlich den mit den Spitzen des Deutschen Reichs. Wenn möglich, wurden diese Kontakte anderen überlassen. Rechts oben: General Arz von Straußenburg, der Nachfolger Conrad von Hötzendorfs als Chef des Generalstabes und (ganz links) der Erste Generalquartiermeister des deutschen Heeres, General Ludendorff, in Baden bei Wien am 2. Juli 1917.

Die russische Februarrevolution ließ durch Wochen die Hoffnung aufkommen, Rußland würde einen Waffenstillstand abschließen und die Feindseligkeiten beenden. Bei zahllosen Verbrüderungsszenen entlang der russischen Front zeigte sich ein unwirkliches Bild des Krieges (links oben). Auch den Truppen der Mittelmächte war mehr oder weniger befohlen worden, die Kampfhandlungen einzustellen.

Nach dem Sturz des Zaren versuchten die Alliierten, Österreich-Ungarn als besonders reaktionären Staat hinzustellen. Doch der ab Mai 1917 wieder funktionierende Parlamentarismus in Österreich entkräftete

zumindest einige Argumente. Links unten: Die Minister Hussarek-Heinlein und Hochenburger mit Prinz Lubomirski in einem Innenhof des Reichsratsgebäudes. Entgegen den Hoffnungen der Mittelmächte erneuerte jedoch Rußland den Krieg und bereitete für den Sommer 1917 eine Offensive vor. Rechts: Der Stab des Heeresfrontkommandos Generaloberst Erzherzog Joseph. Der Erzherzog mit den verschränkten Händen am Rücken in der Mitte; links, auf den Stock gestützt, der Stabschef der Heeresgruppe, General Hans von Seeckt.

Bis zum Herbst 1917 waren über eineinhalb Millionen Russen, Serben, Montenegriner und Italiener in österreichisch-ungarische Kriegsgefangenschaft geraten. Sie wurden in Lagern untergebracht, tunlichst jedoch – soferne sie gesund genug waren – als Arbeitskräfte eingesetzt. Links unten: Anpassen von Prothesen für serbische Kriegsinvalide im Kriegsgefangenenlager Mauthausen. Die größte Zahl an Kriegsgefangenen machten die Russen aus, die bis Ende 1917 auf rund 1 Million Mann anwuchsen. Links oben: Herstellen von Strohgeflechten durch russische Kriegsgefangene. So sehr die Kriegsgefangenen auch als Arbeitskräfte geschätzt waren, wurde

ihre Versorgung auch immer wieder zum Problem. Mitte: Russische Kriegsgefangene in einem Lager bei Sillein. Rechts oben: Menageausgabe im Kriegsgefangenenlager Freistadt in Oberösterreich.

Vermehrt wurden Kriegsgefangene im Rahmen von Arbeitsbataillonen dann eingesetzt, wenn es darum ging, Straßen und Eisenbahnen auszubauen, über die der Nachschub an die Front rollen sollte.

Rechts unten: Russische Kriegsgefangene beim Ausbau der Eisenbahnlinie durch das Kärntner Gailtal.

Vom 18. August bis 13. September 1917 tobte die 11. Isonzoschlacht. Die italienische Artillerie beherrschte den Kampfraum. Beide Seiten setzten Giftgas und Flammenwerfer ein. Links oben: K. u. k. Sturmtruppen bei einem Flammenwerferangriff am 25. August 1917. Besonders hartnäckig wurde um die Hochfläche von Bainsizza-Heiligengeist gekämpft, die von den k. u. k. Truppen großteils geräumt werden mußte (links unten). Abgesehen von der Einnahme der Stadt Görz im Verlauf der 6. Isonzoschlacht war dies der größte Geländegewinn für die Italiener seit 1915.
Anfang September stellte die italienische 3. Armee ihren Hauptangriff

ein, da die Artillerie ihre Munition verschossen hatte. Rechts oben: Artilleriefeuer auf der Höhe von Bainsizza. Rechts unten: Opfer des Giftgaseinsatzes. – Die italienischen Gesamtverluste betrugen fast 150.000 Mann, weit mehr als die k. u. k. 5. Armee verloren hatte. Wieder waren verhältnismäßig wenige Kriegsgefangene gemacht worden. Mitte: Einvernahme italienischer Kriegsgefangener am 29. August 1917. Doch im k. u. k. Armeeoberkommando befürchtete man, daß die k. u. k. 5. Armee keine weitere Abwehrschlacht durchstehen würde.

Im Herbst 1917 reifte der Plan, eine gemeinsame österreichisch-ungarische und deutsche Offensive gegen Italien zu führen, um die schwer bedrängte Front am Isonzo zu entlasten. Daraufhin begannen am Isonzo, an der Kärntner und an der Tiroler Front intensive Vorbereitungen, um den Antransport der deutschen 14. Armee möglichst lange zu verschleiern und unbemerkt von den Italienern die Ausgangsstellungen zu

DIE ZWÖLF ISONZOSCHLACHTEN
(Juni 1915 bis Dezember 1917)

beziehen. Das Schwergewicht des Angriffs sollte im Raum zwischen Flitsch und Tolmein liegen; an den anderen Fronten sollten Ablenkungsangriffe geführt werden. Links: Österreichisch-ungarische Truppen in einem gedeckten Grabenstück der Seebachstellung. Mitte: Ersatzmannschaften in einer Unterkunft in Tolmein. Conrad von Hötzendorf, der seit März 1917 eine Heeresgruppe an der Tiroler Front führte, sollte nicht, wie er es gerne getan hätte, selbst eine große Offensive führen, sondern lediglich einen Ablenkungsangriff beginnen. Rechts: Feldmarschall Conrad von Hötzendorf mit seinem Flügeladjutanten Oberst Putz.

Trotz aller Bemühungen, den Aufmarsch zur 12. Isonzoschlacht geheim zu halten, waren die Italiener informiert. Umgekehrt hatte auch die Frontaufklärung der k. u. k. Armeen alles getan, um Klarheit über die italienische Aufstellung zu erlangen. Links oben: Ein k. u. k. Offizier mit einer Kamera, wie sie auch bei Aufnahmen aus Flugzeugen und Ballons Verwendung fand. Anders als bis dahin sollte versucht

werden, nicht über die Höhenzüge und Gipfel, sondern im Tal anzugreifen. Das war insbesondere eine deutsche Forderung gewesen. Links unten: Ein noch sehr friedlich wirkender Schützengraben bei Tolmein.

Wie schon bei den letzten Schlachten am Isonzo kam dem Einsatz moderner Kriegsmittel, vor allem Giftgas und Flammenwerfer, erhöhte Bedeutung zu (rechts).

Am 24. Oktober 1917 begann die 12. Isonzoschlacht, die schon nach wenigen Tagen die Front der italienischen 2. Armee zusammenbrechen ließ. Südlich davon kam auch die italienische 3. Armee ins Wanken und begann einen raschen Rückzug. Plötzlich war nicht mehr von der Verteidigung des Isonzotals die Rede, sondern nur mehr vom Vormarsch an den Tagliamento und weiter nach dem Südwesten.

Links oben: Eine Maschinengewehrabteilung bei einer der letzten Isonzoschlachten. Links unten: Österreichisch-ungarische Truppen bei Codroipo. Rechts unten: Zurückgelassene und teilweise zerstörte italienische Artillerie an einer Straße bei Codroipo am 18. November 1917. Auch einsetzender Regen und schlechter werdende Straßen ließen den Vormarsch der deutschen und österreichisch-ungarischen Truppen nicht zum Stillstand kommen (rechts oben). Es galt, die Italiener so nachhaltig zu verfolgen wie nur möglich. Der Sieg über Italien schien zum Greifen nahe.

Italien verlor in der 12. Isonzoschlacht, die Anfang Dezember am Piave endete, allein an Kriegsgefangenen rund 300.000 Mann. Man mußte sich nicht groß mit der Vernehmung von Gefangenen aufhalten (links unten), um herauszufinden, daß die Niederlage ein Schock war und weit in das italienische Hinterland ausstrahlte. Mit Hilfe der deutschen 14. Armee war es den österreichisch-ungarischen Truppen gelungen, nicht nur ein großes Gebiet zu besetzen, sondern auch eine enorme Kriegsbeute zu machen.
Links oben: Österreichisch-ungarische Marinesoldaten in Monfalcone.
Der österreichische, der deutsche und der bulgarische Monarch reisten an,

um den Truppen zu gratulieren. Mitte: Kaiser Wilhelm II. beglückwünscht den Oberbefehlshaber der deutschen 14. Armee, General Otto von Below, am Schloßeingang von Passariano. Im Hinterland aber drängten sich die Massen der italienischen Kriegsgefangenen, so in Udine (rechts oben), ehe sie dann weiter abgeschoben und dabei wohl auch regelrecht zur Schau gestellt wurden. Rechts unten: Italienische Kriegsgefangene auf dem Marsch über den Villacher Hauptplatz. Man konnte glauben, der Krieg sei gewonnen.

3

Das Ende einer Großmacht

Die Einweihung des Kriegerdenkmals auf dem Friedhof in Trient

14 Russische Oktoberrevolution und Innere Front

Zwischen dem 6. und 8. November 1917 (24. und 26. Oktober russischer Zeitrechnung) rissen die Bolschewiken unter der Führung Lenins die Macht in Rußland an sich, und am Abend des 8. November billigte der 2. Allrussische Kongreß der Arbeiter- und Soldatenräte den Friedensvorschlag der neuen Revolutionsregierung. Damit war das eingetreten, worauf die Mittelmächte gewartet hatten. Seit September war es im Osten kaum mehr zu Kampfhandlungen gekommen, im Oktober schränkten die Russen ihre militärischen Aktivitäten drastisch ein. Sie verhielten sich größtenteils vollkommen ruhig, suchten Verhandlungen anzuknüpfen und baten um die Einstellung der Feindseligkeiten.

In Wien war der Friedensvorschlag des Allrussischen Kongresses sofort publiziert worden. Im Deutschen Reich dauerte es einen Tag länger, da Ludendorff die Botschaft zunächst unterdrücken wollte; dies mißlang jedoch. Kurz darauf schrillten in Berlin die Alarmglocken, als Kontakte zwischen deutschen Sozialdemokraten und bolschewistischen Vertretern in Schweden bekannt wurden, die die Unterstützung der Oktoberrevolution durch Deutschland zum Ziel hatten. Deutschlands Sozialisten sollten möglichst durch „große Demonstrationen und Streiks" die Bewegung in Rußland unterstützen. Die deutsche Führung befürchtete, daß es möglicherweise zu einem parlamentarischen oder gar „sozialistischen" Frieden kommen könnte und war daher merklich erleichtert, als von den Russen ein formeller Vorschlag für einen Waffenstillstand kam. Der russische Antrag auf Einleitung von Waffenstillstandsverhandlungen hatte sich verzögert, da sich der neue Oberkommandierende der russischen Streitkräfte, General Duchonin, weigerte, einen entsprechenden Antrag zu übermitteln. Er wurde daraufhin abgesetzt. Erst am 29. November war es dann klar, daß es Verhandlungen geben würde. Es wurde vereinbart, daß sich die russische Kommission am 2. Dezember mittags an der Bahnlinie Wilna–Dünaburg einfinden, und daß die Verhandlungen in Brest-Litovsk geführt werden sollten.

In Wien und Berlin herrschten vorerst aber grundsätzliche Auffassungsunterschiede über den nun einzuschlagenden politischen Weg. So einigte man sich schließlich nur darauf, daß zunächst einmal der Abschluß des Waffenstillstandes erfolgen sollte. Dann würde man weitersehen. Am 3. Dezember wurden die Verhandlungen eingeleitet, am 13. waren sie abgeschlossen. Die Waffenruhe sollte vom 17. Dezember bis 14. Jänner währen, mit einer automatischen Verlängerung bei siebentägiger Kündigungsfrist. Die Brester Verhandlungen galten jedoch nicht für die russisch-rumänische Front. Die Rumänen setzten daher mit dem Mute der Verzweiflung die Feindseligkeiten fort, obwohl sie sich der Aussichtslosigkeit ihrer Lage sicherlich bewußt waren. Doch schließlich, am 4. Dezember, blieb auch dem rumänischen Ministerpräsidenten Bratianu nichts anderes übrig, als Erzherzog Joseph und Generalfeldmarschall Mackensen um Waffenruhe zu bitten. Der Vertrag von Focșani vom 9. Dezember 1917 beendete dann auch in diesem Abschnitt der Ostfront die Kampfhandlungen.

Parallel zu den letzten großen militärischen und politischen Erfolgen der Donaumonarchie begann paradoxerweise ihr Zusammenbruch. Und es begann in Brest-Litovsk. Außenminister Czernin hatte noch vor seiner Abreise zu den Friedensverhandlungen darauf gedrungen, daß möglichst wenig Nachrichten über den Fortgang der Verhandlungen bekanntgegeben werden sollten; insbesondere wären alle Nachrichten aus russischen Quellen, die nicht mit den Bulletins des Ministers übereinstimmten, zu zensieren und ihr Erscheinen in Zeitungen unter keinen Umständen zu gestatten. Doch diese Maßnahmen hatten keinen Erfolg. Die Nachrichten drangen durch – und sie wühlten auf. Die Unruhe wuchs von Tag zu Tag.

In den ersten Jännertagen des Jahres 1918 flackerten in Ungarn, Siebenbürgen und Polen kurzfristige

Streiks auf. Der Anlaß dafür waren in erster Linie Versorgungsprobleme. Doch diesmal mischten sich in die Streiks schon deutlich erkennbar politische Parolen, vor allem bolschewistische. Tschechen und Südslawen forderten ein Mitspracherecht der nichtdeutschen Nationalitäten bei den Friedensverhandlungen in Brest-Litovsk und gaben ihren Ansichten in der sogenannten „Dreikönigsdeklaration" Ausdruck: „Wir czechischen Mitglieder des Reichsrates, der durch Urteile unkompetenter militärischer Gerichte um eine ganze Reihe seiner slawischen Mitglieder gebracht worden ist und zugleich wir czechischen Abgeordneten des aufgelösten und bisher nicht erneuerten Landtages Böhmens ... bekräftigen nachdrücklichst als gewählte Vertreter des czechischen Volkes und dessen geknechteten und politisch mundtot gemachten slowakischen Zweiges in Ungarn unseren Standpunkt zur neuen Regelung der internationalen Verhältnisse ... Wir erheben bittere Klage ... und protestieren ... feierlich gegen die Zurückweisung des Selbstbestimmungsrechtes der Völker bei den Friedensverhandlungen und fordern, daß im Sinne dieses Rechtes allen Völkern, damit auch dem unseren, die Teilnahme und volle Freiheit, seine Rechte auf dem Friedenskongreß zu verfechten, gesichert werde."

Wegen ihres staatsgefährdenden Charakters sollte die Deklaration, die man wohl als die erste öffentliche revolutionäre Kundgebung bezeichnen kann, zunächst nicht publiziert werden. Die vorübergehende Beschlagnahme trug jedoch nur dazu bei, ihre Wirkung innerhalb der Länder der böhmischen Krone zu steigern, und brachte der Regierung ein Mißtrauensvotum der tschechischen Abgeordneten ein.

Etwa zeitgleich kam es wieder zu Arbeiterunruhen. Am Morgen des 14. Jänner 1918 versammelten sich die Arbeiter der Daimler-Werke in Wiener Neustadt im Fabrikshof, um gegen die neuerliche Kürzung der Mehlquote von 200 auf 165 Gramm pro Tag für den Normalverbraucher zu protestieren. Dann zogen die Arbeiter zum Rathaus, wobei sich ihnen auf ihrem Marsch Arbeiter anderer Fabriken anschlossen. Am nächsten Tag griffen die Streiks auf andere Industrien im Steinfeld und im Alpenvorland sowie in der Steiermark über. Dann wurden Unruhen aus Triest gemeldet. Die Arbeiterschaft ließ verlauten, sie würde die Arbeit erst dann wieder aufnehmen, wenn Mehl und Fett zur Verteilung kämen. Man war der Ansicht, daß ohnehin genug vorhanden sei, man müsse es bloß richtig erfassen und verteilen. Die Streiks griffen schließlich auf Wien über; die Forderungen wurden immer radikaler.

Der Führung der österreichischen Sozialdemokratie gelang es in der Folge, der Radikalität noch einmal die Spitze zu nehmen, indem man einen Forderungskatalog für die Regierung aufstellte, gleichzeitig aber in der „Arbeiter-Zeitung" Aufrufe an die Arbeiter der Lebensmittelindustrie, der Gas- und E-Werke, der Verkehrsbetriebe sowie an die Grubenarbeiter veröffentlichte, nicht zu streiken. Trotz dieser Bemühungen drohte eine Ausweitung der Streiks auf Mähren, Schlesien und Böhmen. Und immer noch glaubte man, der Hunger sei das zentrale Problem.

Czernin machte dem Kaiser heftige Vorwürfe, weil er Ministerpräsident Seidler nicht gezwungen habe, Ordnung zu schaffen, und bat ihn, den Vorsitzenden des gemeinsamen Ernährungsausschusses, General Landwehr, sofort zu Kaiser Wilhelm zu schicken und um eine Lebensmittelaushilfe zu ersuchen. Gleichzeitig müßte auch in Ungarn mit allergrößter Entschlossenheit requiriert werden. Nach einigen Tagen wurde aber immer deutlicher, daß nicht die Lebensmittelfrage im Vordergrund stand, sondern die Forderung nach Beendigung des Krieges, aber auch nach Revolutionierung und nach Durchsetzung der Arbeitergewalt. Zunächst versuchten die Militärkommanden noch durchzugreifen. Es wurden schwerste Strafen angedroht. Bald aber mußte man erkennen, daß den Streiks mit bloßer Gewalt nicht beizukommen war. In dem Augenblick, da sich die lokalen Streiks zu einem Massenausstand entwickelten, war die Gewalt kein Steuerungsmittel mehr.

Allein in Österreich legten bis zum 19. Jänner rund 600.000 Arbeiter ihre Arbeit nieder. Die meisten Läden schlossen, die Zeitungen, bis auf die „Arbeiter-Zeitung", stellten ihr Erscheinen ein. Es gab Demonstrationen und Straßenkrawalle. In Budapest wurden in der Nacht zum 18. Jänner sogar Straßenbahnschienen herausgerissen. Die Streikenden protestierten lautstark gegen den schleppenden Fortgang der Brester Verhandlungen, die Schroffheit und Eroberungssucht der Deutschen wurde angeprangert. Die Radikalisierung drohte immer weiter fortzuschreiten, und man mußte sich die ernste Frage stellen, ob die russische Revolution auf die Habsburgermonarchie übergreifen werde.

Wie oft in vergleichbaren Situationen erscholl der Ruf nach dem starken Arm des Militärs. Eine Militärregierung wurde vorbereitet. Generaloberst Fürst Aloys Schönburg-Hartenstein sollte ihr Chef werden. Der Kaiser war noch nicht ganz entschlossen und stieß mit dem Vorhaben auch auf den Widerstand des Chefs des Generalstabes Arz von Straußenburg und des gemeinsamen Kriegsministers Stöger-Steiner. Dennoch wurden die Vorbereitungen vorangetrieben. Schönburg wurde Generalinspektor der mobilen Truppen des Hinterlandes, eine Position, die ihm einen Wechsel in die Regierung jederzeit ermöglicht hätte. General Bardolff, der als Innenminister vorgesehen war, wurde sein Stellvertreter. Weitere Generäle wurden zu Kommandanten der mobilen Truppen des Hinterlandes gemacht. Die Beilegung der Jännerstreiks und die Abscheu Kaiser Karls vor jeglicher Militärdiktatur brachten das Projekt schließlich zu Fall. Das Generalinspektorat wurde wieder aufgelöst.

Am 19. Jänner empfing Ministerpräsident Seidler die führenden Vertreter der österreichischen Sozialdemokratie, an ihrer Spitze Viktor Adler, Karl Seitz und Karl Renner. Sie legten ihr vier Punkte umfassendes Forderungsprogramm vor, von dessen Erfüllung sie ein Ende des Streiks abhängig machten: Verzicht auf territoriale Forderungen bei den Verhandlungen in Brest, Verbesserung der Ernährungssituation, die baldige Wahl von Gemeindevertretern und eine Milderung des Militärregimes. Nach Rücksprache mit Czernin erklärte sich Seidler bereit, Konzessionen zu machen, worauf die Parteileitung der Sozialdemokraten am 21. Jänner zur Wiederaufnahme der Arbeit aufrief. Doch die Jännerstreiks waren erst der Anfang gewesen.

Die Radikaleren waren mit der gefundenen Lösung keineswegs zufrieden. Sie beschimpften und malträtierten jene Genossen, die den Kompromiß ausgehandelt hatten; es kam zu tumultartigen Szenen.

15 Frieden mit Rußland und Rumänien

In Brest waren unterdessen die Verhandlungen wieder aufgenommen worden. Die russische Delegation wurde nun vom Volkskommissar für auswärtige Angelegenheiten, Lev Trockij, geführt. Die Ukraine wollte ihre Zugehörigkeit zu Rußland aufgeben und ersuchte um separate Friedensgespräche. Und das Selbstbestimmungsrecht erwies sich als ein riesiger Stolperstein. Rußland verlangte die Beiziehung kurländischer und litauischer Vertreter, wenn Deutschland schon meinte, diese Randprovinzen wünschten, sich von Rußland zu lösen.

Am 7. Februar 1918 wurden schließlich die Präliminarien für einen Friedensvertrag mit der Ukraine unterzeichnet, in denen der Abtransport von einer Million Tonnen Getreide in Aussicht genommen wurde. Am 9. Februar wurde in Brest der Friedensvertrag mit der Ukraine unterschrieben. Czernin nannte ihn sehr plakativ den „Brotfrieden". Im Gegenzug hatte man sich bereit erklärt, die Ukraine im Falle einer militärischen Bedrohung durch Rußland zu unterstützen. Tags darauf brachen die Russen die Verhandlungen ab. Am 16. Februar kam dann prompt ein Hilferuf aus der Ukraine, doch Kaiser Karl verweigerte seine Zustimmung zu einem Vormarsch österreichisch-ungarischer Truppen. Czernin kam dadurch in eine mißliche Lage, denn er hatte der Ukraine ja unmißverständlich zu verstehen gegeben, daß k. u. k. Truppen, und keine Deutschen, einmarschieren würden. Die Zusage war also nichts weiter als eine leere Versprechung gewesen. Das Deutsche Reich hingegen zögerte keineswegs und reagierte prompt auf das ukrainische Ersuchen um Schutz und Hilfe.

Zum Glück erklärte sich Rußland aber bereit, an den Verhandlungstisch zurückzukehren, sodaß am 25. Februar die letzte Phase der Verhandlungen mit Rußland beginnen konnte. Am 3. März wurde der Vertrag gemäß den weitreichenden, ja harten deutschen Bedingungen unterzeichnet. Rußland verlor zwar nur nichtrussisches Gebiet, von Finnland über das Baltikum und Polen bis Batum am Schwarzen Meer. Dennoch war es ein deutliches Signal für die Aufteilung eines Vielvölkerstaates.

Unterdessen hatte Generaloberst Arz nun doch den Vormarsch österreichisch-ungarischer Truppen durchgesetzt und am 26. Februar Generalfeldmarschall von Hindenburg mitgeteilt, daß Österreich-Ungarn die Absicht habe, die Eisenbahnlinie nach Odessa zu besetzen. Zwei Tage später setzten sich die Truppen der k. u. k. 2. Armee in Bewegung. Gemeinsam stießen deutsche und k. u. k. Divisionen in die Ukraine vor, wo die wichtigsten Städte, Kiev, Charkov, Odessa, Šitomir und andere mittlerweile von Bolschewisten kontrolliert wurden. Es kam zu neuerlichen Kämpfen, deren Hauptlast die Deutschen trugen. Die k. u. k. Truppen kamen rasch voran. Am 13. März standen sie in Odessa. Die k. u. k. Donauflottille räumte die letzten Minen im Donaudelta und fuhr über die Sulinamündung in das Schwarze Meer ein. Die russische Schwarzmeerflotte dampfte nach Sevastopol.

Am 28. März kam eine Vereinbarung mit dem Deutschen Reich zustande, wonach Österreich-Ungarn die Gouvernements Podolien, Cherson und Jekaterinoslav zu besetzen hatte. Alle anderen Gouvernements fielen an die Deutschen.

Österreichische Kontingente rückten weiter bis in das Donecbecken vor. Truppen der Mittelmächte standen an der Ostgrenze der Ukraine, und die Monitore der k. u. k. Donauflottille, die in das Schwarze Meer eingefahren waren, dampften Dnjepr und Bug aufwärts. Doch das Chaos konnte nicht gemindert werden. Es war nicht einmal möglich, die Truppen ausreichend zu versorgen. Etwa 700.000 Soldaten der Mittelmächte waren in die Ukraine einmarschiert, um den „Brotfrieden" zu exekutieren. Sie verbrauchten täglich mehr als 300 Waggons Verpflegung, sodaß kaum mehr etwas für den Abschub in die hungernden Heimatländer übrigblieb. Außerdem machten sich die Untergrundorganisationen bemerkbar, die die Ablieferungen an die Mittelmächte zu verhindern suchten und die Bauern beim Verstecken der Vorräte unterstützten.

Auch im Falle Rumäniens verlief nicht alles so wie gewünscht. War die österreichisch-ungarische Monarchie zunächst mit der Absicht aufgetreten, Annexionsverzicht zu demonstrieren, so machte Ungarn sehr bald den Wunsch nach „Grenzberichtigungen" deutlich, worunter vor allem die Abtretung von Turnu-Severin und einiger ertragreicher Ölfelder in Moldavien verstanden wurde. Als Ausgleich sollte Rumänien Bessarabien in Aussicht gestellt werden. Da Rumänien den Forderungen und Wünschen der Mittelmächte zunächst nicht zugänglich schien, drohte das Deutsche Reich mit der Wiederaufnahme der militärischen Operationen. Rumänien lenkte ein. Am 5. März 1918 wurde der Vorfriede von Buftea geschlossen und zwei Monate später der Friede von Bukarest. Damit konnte nun auch Bulgarien seinen Preis für den Kriegseintritt auf seiten der Mittelmächte geltend machen: Es beanspruchte die Dobrudscha. Da die Türkei eine derartige Vergrößerung Bulgariens aber kompensiert sehen wollte, indem Bulgarien zugunsten der Türkei auf Gebiete an der Maritza verzichten sollte, drohte ein weiterer Konflikt der Mittelmächte. Rumänien mußte schließlich nur die südliche Dobrudscha abtreten, wodurch sich Bulgarien um seinen Lohn geprellt sah und in der Folge rasch jegliches Interesse an der

Fortsetzung des Krieges an der Seite der Mittelmächte verlor. Ungarn, das ein Stück der Moldau bekam, hielt sich an Rumänien schadlos. Aber was noch wichtiger war: Rumänien sollte Kriegsentschädigung zahlen und sofort Lebensmittel an die Mittelmächte abliefern. Dafür wollten die Mittelmächte ihrerseits industrielle Überschußgüter und Kohle liefern.

Bald zeigte sich, daß auch der Frieden im Osten das Problem des Überlebens für die Habsburgermonarchie nicht auf Dauer lösen konnte. Denn Frieden herrschte trotz der Friedensverträge nicht. Und plötzlich ergab sich ein neues Problem. Durch die Friedensschlüsse im Osten waren mehrere Millionen deutscher und österreichisch-ungarischer Soldaten frei geworden. Nur etwas mehr als eine Million verblieben im Osten. Die Deutschen wurden ab Dezember 1917 an die Westfront gebracht. Von den k. u. k. Truppen, deren Gesamtstand sich im Jänner 1918 auf 4,41 Millionen Mann belief, sollte ein Großteil nach Italien kommen. Die anderen aber wurden dringend im Inneren der beiden Reichshälften gebraucht. Viel mehr noch als im Jänner drohte eine Revolution den Zerfall der Donaumonarchie zu beschleunigen. Im Februar kam es in Polen, vor allem in Krakau, zu Ausschreitungen. In Cattaro, einem der beiden großen Kriegshäfen der k. u. k. Kriegsmarine, begann am 1. Februar eine Meuterei.

Bis zum Abend hatte sie von der Kreuzerdivision auf die Zerstörer- und Torpedobootflottille übergegriffen. Am Abend gaben dann die meuternden Matrosen ihre Forderungen bekannt. Die wichtigste davon war die sofortige Aufnahme von allgemeinen Friedensverhandlungen. Der Landesbefehlshaber von Bosnien, Herzegowina und Dalmatien, Generaloberst Sarkotić, ließ daraufhin die Bucht von Cattaro vom Land her zernieren. Am 2. Februar setzten sich die loyal gebliebenen Einheiten in die innere Bucht ab. Die Schiffe mit den Meuterern, die auch den Kommandanten der Kreuzerdivision, Konteradmiral Hansa, in ihrer Hand hatten, blieben in der mittleren Bucht. In die äußere Bucht aber fuhren maritime Zernierungskräfte aus Pola ein. Am 3. Februar war das Ende der Revolte gekommen. Vier Tage später wurden vier Flottenangehörige, ein Tscheche und drei Südslawen, von einem Standgericht zum Tode verurteilt und exekutiert. Aufgrund einer sofort verhängten Nachrichtensperre und rigoroser Zensurmaßnahmen sickerte von der Matrosenrevolte so gut wie nichts durch. Doch für die k. u. k. Flotte hatte der Aufstand von Cattaro unmittelbare Folgen: Admiral Njegovan wurde abgelöst und durch den Linienschiffskapitän Miklos von Horthy ersetzt, der Vizeadmiral und Flottenkommandant wurde.

Die Meuterei auf Einheiten der Kriegsflotte in Cattaro sollte aber kein Einzelfall bleiben. Um gegenzusteuern, ergingen Appelle an Offiziere und Unteroffiziere, die Verpflegssituation zu verbessern. Doch die Zufuhr reichte nicht aus, und die Aufbringung war mit den bisher geübten Methoden nicht zu steigern. Daraufhin griff man bei der k. u. k. 2. Armee im Osten zur Selbsthilfe und begann im Hinterland der Front rücksichtslos zu requirieren. Dadurch kam es aber zu einem immer deutlicher werdenden Auseinanderleben von Front und Hinterland, was sich bald in seiner krassesten Form manifestierte. Jegliche Rücksichtnahme fiel nun weg. Es ging nur mehr ums nackte Überleben.

Und die Streiks rissen nicht ab. Die böhmischen und mährischen, die ungarischen, schlesischen und polnischen Industrien, Gruben und Fabriken wurden immer wieder bestreikt. Die dramatisch zunehmende Verarmung großer Bevölkerungsschichten führte zu Plünderungen und Demolierungen von Geschäften. In dieser explosiven Situation begann der Rücktransport der Kriegsgefangenen aus Rußland. Und die Rückkehr verlief für die meisten anders, als sie es sich erwartet hatten. Sie kehrten in einer begreiflicherweise euphorischen Stimmung heim und erwarteten sich vielleicht Szenen, wie man sie noch aus dem August und September 1914 in Erinnerung hatte. Statt dessen wurden sie oft mit Mißtrauen in Empfang genommen und als potentielle Deserteure behandelt (was etliche sicherlich waren). Doch für die meisten war das bürokratische Erfassen, die neuerliche Vereidigung auf Kaiser Karl, die etwa dreiwöchige Quarantäne, die Zuführung zu den Ersatztruppenkörpern, die Untersuchung der Umstände der Gefangennahme und anderes mehr ein Schock und erzeugte einen tiefen Groll. Das Wiedereinsetzen des militärischen Zwangs, die Aussicht, wieder an die Front zu kommen, vor allem aber die schlechte Versorgung ließen bei den Heimkehrern eine teilweise explosive Stimmung aufkommen.

Die Explosion erfolgte in der Steiermark. In den späten Abendstunden des 12. Mai 1918 meuterten Ersatzmannschaften des Infanterieregiments Nr. 17 in Judenburg. Die Herabsetzung der Verpflegssätze, das Ausfassen neuer Uniformen, woraus unschwer ein bevorstehender Einsatz an der Front abzuleiten war, hatten genügt. In der Nacht zum 13. rissen einige Heimkehrer die vorwiegend slowenischen Ersatzmannschaften aus dem Schlaf und verkündeten, daß sie ausbrechen wollten, um nach Hause zu gehen. Der Krieg sei aus. Sie stürmten die Jesuitenkaserne, plünderten Vorratsmagazine und Munitionsdepots, dann schlugen sie sich zum Bahnhof durch. Die Fernmeldeeinrichtungen wurden zerstört. Zivilisten schlossen sich den Plünderern an. Doch das Militärkommando in Graz war bereits alarmiert und sandte Assistenzen nach Judenburg. Daraufhin brach die Meuterei zusammen. Fast alle der rund 1200 Soldaten, die versucht hatten, sich in Richtung Slowenien durchzuschlagen, wurden aufgegriffen. Dann folgte eine Rebellion in Murau und schließlich am 23. Mai eine in Radkersburg. Wieder waren es vor allem Slowenen, und wieder war das Ende vom Lied gleich. Die Rebellionen brachen zusammen, Standgerichte und ordentliche Militärgerichte begannen zu amtieren, und wenige Tage später folgte die Exekution der Rädelsführer oder derer, die man dafür hielt.

16 Die Sixtusaffäre

In der ersten Hälfte des Jahres 1918 mußte Kaiser Karl dann auch eine persönliche Niederlage hinnehmen, die ihm eine ungeheure Einbuße an Autorität bescherte – die sogenannte „Sixtusaffäre". Karl hatte 1917 bekanntlich mit seinem Schwager Sixtus Bourbon-Parma brieflichen und persönlichen Kontakt aufgenommen, um ihm seine Friedensvorstellungen zu übermitteln. Beratungen unter den Ententemächten scheiterten jedoch an der ablehnenden Haltung Italiens. Die Verbindung versiegte. Karl hatte aber auch eine ganze Reihe anderer Kontakte geknüpft, um Österreich-Ungarn den Frieden zu bringen. Es war mehrfach in der Schweiz verhandelt worden, dann hatte Karl versucht, mit den Amerikanern Gespräche aufzunehmen und sich über Vermittlung des Wiener Völkerrechtsprofessors Heinrich Lammasch an Präsident Wilson gewandt. Dieser zeigte sich zu einer konzilianteren Interpretation seines 14 Punkte enthaltenden Kriegszielkataloges bereit und ließ Österreich-Ungarn für den Fall eines Sonderfriedens auch noch eine umfangreiche Finanzhilfe zusagen. Czernin zeigte sich daraufhin empört und desavouierte Lammasch, nicht wissend, daß der Kaiser seine Hand im Spiel hatte – dieser wollte seine Rolle nicht preisgeben und ließ Lammasch unschön fallen. Plötzlich aber wurde Karl der Kontakt mit seinem Schwager Sixtus zum Verhängnis, und aus einer Episode, die ein Jahr zurücklag und die auch vor dem Hintergrund der Gemeinsamen Obersten Kriegsleitung gesehen werden muß, wurde ein Skandal.

Am 2. April hielt Außenminister Czernin eine Rede vor dem Wiener Gemeinderat, in der er unter anderem auch heftige Kritik am französischen Premierminister Georges Clémenceau übte: „Herr Clémenceau hat einige Zeit vor Beginn der Westoffensive bei mir angefragt, ob ich zu Verhandlungen bereit sei und auf welcher Basis. Ich habe sofort im Einvernehmen mit Berlin geantwortet, daß ich hierzu bereit sei und gegenüber Frankreich kein Friedenshindernis erblicken könne als den Wunsch Frankreichs nach Elsaß-Lothringen. Es wurde aus Paris erwidert, auf dieser Basis sei nicht zu verhandeln. Daraufhin gab es keine Wahl mehr." Kaum war die Rede bekannt geworden, antwortete der französische Ministerpräsident, daß nicht Frankreich wegen Verhandlungen angefragt habe, sondern Österreich-Ungarn. Czernin dachte nun, der Franzose hätte Gespräche in der Schweiz gemeint, die der französische Graf Armand mit dem österreichischen Grafen Revertera geführt hatte. Prompt antwortete Clémenceau, daß es sich um eine wesentlich höher gestellte Persönlichkeit gehandelt habe. Schließlich veröffentlichte die französische Presseagentur „Agence Havas" unter Berufung auf Clémenceau eine Meldung, wonach Kaiser Karl schriftlich das Anrecht Frankreichs auf Elsaß-Lothringen anerkannt hätte.

Kaiser Karl wies das entrüstet zurück. Die Behauptungen würden nicht der Wahrheit entsprechen, und er würde sich mit einem „Kerl" wie Clémenceau nicht auf weitere Diskussionen einlassen. Die Franzosen veröffentlichten daraufhin die gesamte Korrespondenz. Karl sprach von Fälschung und beschwor gleichzeitig seinen Minister des Äußern, die Verantwortung für die Briefe und die Affäre zu übernehmen. Czernin lehnte das ab. Er drohte zunächst mit Selbstmord, änderte dann aber seine Taktik und versuchte, den Monarchen nicht nur aus der Außenpolitik zu verdrängen, sondern ihn politisch wenn möglich zur Gänze auszuschalten. Daher plädierte er dafür, Karl solle sich für einige Zeit von der Herrschaft zurückziehen und die Regentschaft entweder Erzherzog Friedrich oder Erzherzog Eugen überlassen.

Schon am 14. April sollte eine Ministerkonferenz stattfinden, um über die Regentschaft zu beraten. Doch Karl war mittlerweile – offenbar von der Kaiserin – wieder der Rücken gestärkt worden, und er weigerte sich, „karenziert" zu werden. Nach einer heftigen Auseinandersetzung demissionierte Czernin.

Fast mit einem Schlag war das Ansehen der kaiserlichen Zentralgewalt vernichtet. Das war viel schlimmer als eine Regierungskrise in einer der Reichshälften. Die Armee war empört. Der k. u. k. Botschafter in Berlin, Fürst Hohenlohe, solidarisierte sich mit Czernin und wollte von seinem Posten zurücktreten. Er meinte, der Kaiser hätte wie ein „Schuljunge" gehandelt. Der zurückgetretene Minister sah sich einer ungeheuren Sympathiewelle gegenüber. Zeitungen lobten ihn, Kollegen, aber auch Gegner zollten ihm Respekt.

Kaiser Wilhelm gegenüber versuchte sich Karl damit zu verteidigen, daß das Ganze eine schamlose Fälschung der Entente wäre, und er ließ sein Dementi in dem vielzitierten Satz gipfeln: „Unsere weitere Antwort sind Meine Kanonen im Westen". Doch es gelang ihm nicht, das Odium von Verrat und Lüge abzustreifen. Der Chef des k. u. k. Generalstabes, Generaloberst Arz von Straußenburg, soll dem Deutschen Bevollmächtigten, General Cramon, gegenüber gesagt haben: „Ich habe erfahren, daß mein Kaiser lügt." Cramon wurde daraufhin zum Kaiser gerufen, der ihm ein Schriftstück aushändigte, das er als den Entwurf für den Brief an seinen Schwager Sixtus bezeichnete, und in diesem Entwurf stand tatsächlich nicht alles so, wie es in dem veröffentlichten Brief zu lesen war. Aber wie es derartige Entwürfe an sich haben, blieb die Frage offen, ob der Entwurf nicht „nachgefertigt" worden war. Cramon ließ daraufhin durchblicken, daß die einzige Chance zur Beilegung des Konflikts eine offizielle Entschuldigung bei Kaiser Wilhelm sei.

Das Bekanntwerden der „Sixtusaffäre" erschütterte aber nicht nur das Verhältnis zwischen Österreich-Ungarn und dem Deutschen Reich. Auch die führenden Staatsmänner der Entente hatten alle Hände voll zu tun, die Angelegenheit herunterzuspielen. Denn es wurde sehr wohl Kritik laut, daß eine wahrscheinlich einmalige Chance vertan worden war, mit Österreich-Ungarn Frieden zu schließen. Präsident Wilson zeigte sich enttäuscht darüber, daß sich seine Alliierten im Obersten Kriegsrat durchgesetzt und den Beschluß erwirkt hatten, trotz der von Österreich-Ungarn deutlich gemachten Friedensbereitschaft keinen Schritt in Richtung Beendigung des Kriegs zu tun. Jetzt drohte nämlich publik zu werden, daß diesmal die Friedensbemühungen durchaus nicht an der sturen Haltung der Mittelmächte und an deren Forderungen nach einem Siegfrieden gescheitert waren.

In der Habsburgermonarchie aber stand man vor einem Scherbenhaufen. Das Ansehen des Kaisers war ruiniert. Das Bündnis mit den Deutschen war in seiner bisherigen Form nicht mehr existent. Das Deutsche Reich kannte nun keine Rücksichtnahme mehr. Kaiser Wilhelm machte sich zum moralischen Richter und forderte Kaiser Karl auf, zu ihm zu kommen und sich zu entschuldigen. Außerdem müsse er schriftlich und im Beisein seines neuen Außenministers, Graf Burián, versprechen, fortan ohne Wissen des deutschen Kaisers mit keiner Macht mehr Fühlung aufzunehmen oder Angebote zu machen. Das Bündnis müßte vertieft und erweitert und die Bereitschaft zu einer sehr engen Militärkonvention ausgesprochen werden.

Am 12. Mai brach Karl zum Canossagang nach Spa auf und tat das, was die Deutschen schon lange gefordert hatten: Er unterwarf sich Kaiser Wilhelm. Eine Militärkonvention wurde unterzeichnet, mit der aus der Gemeinsamen Obersten Kriegsleitung eine Oberste Kriegsleitung wurde. Von Gemeinsamkeit war keine Rede mehr. Der politische Spielraum Österreich-Ungarns war dramatisch eingeengt worden, und als im Sommer 1918 Details der Gespräche zwischen Kaiser Karl und Kaiser Wilhelm bekannt wurden, überprüften die Ententemächte noch einmal ihre Haltung gegenüber Österreich-Ungarn und kamen zu dem Schluß, daß die Möglichkeit weiterer Friedensgespräche nicht mehr gegeben war. Sie waren nun wie auch die Amerikaner entschlossen, das Selbstbestimmungsrecht der Völker der Habsburgermonarchie im vollsten Umfang anzuerkennen. Sie machten den Vertretern der österreichischen Emigration bindende Zusagen, wonach nicht nur die Selbstbestimmung gewährt, sondern auch die deutsch-österreichische Dominanz beendet werden sollte. Damit reagierten die Alliierten auf die Resolutionen eines Mitte April 1918 in Rom abgehaltenen „Kongresses der unterdrückten Völker" der Habsburgermonarchie, an dem Polen, Rumänen, Tschechen, Südslawen und Italiener teilgenommen hatten. Die konkreten Ergebnisse des Kongresses bedurften nur noch der Anerkennung durch die Alliierten und der Bestätigung durch einen Friedensvertrag. Das Todesurteil über die Monarchie war damit gefällt.

17 Die letzte Offensive

Nach den politischen Umwälzungen der ersten Monate des Jahres 1918, nach den aufflackernden Revolten und großen Streiks, nach dem Friedensschluß mit der Ukraine, Rußland und Rumänien und schließlich nach der Sixtusaffäre stellte sich die Frage nach der weiteren Haltung Österreich-Ungarns im Krieg mit aller Eindringlichkeit. Die zwölfte Isonzoschlacht gehörte der Vergangenheit an, doch man stand weiterhin am Piave und in den Sieben Gemeinden, an jenen Linien, die Anfang Dezember 1917 erreicht und mittlerweile ausgebaut worden waren. Es war die einzige Front, wo sich vielleicht noch Erfolge erzielen ließen, und irgend etwas mußte man tun, wenn kein Friede zustande kam.

In Italien hatte die Regierung Orlando nach einigen schwierigen Wochen mit Unruhen und einem militärischen Putschversuch Ende 1917 nun das Heft wieder fest in der Hand. Das Land selbst war mittlerweile auch zu einem britischen, französischen und amerikanischen Kriegsschauplatz geworden. Die Ankunft der britischen und französischen Truppen hatte fast augenblicklich positive Auswirkungen auf Truppen und Hinterland gehabt. Die italienische Armee war reorganisiert und durch kleinere Offensivstöße wieder zuversichtlicher geworden.

Obwohl die Deutschen Alleingänge der k. u. k. Armee bisher mit Mißtrauen, Ablehnung und kaum verhohlener Kritik verfolgt hatten, zeigte sich Generalfeldmarschall Hindenburg nun plötzlich von der Idee einer österreichisch-ungarischen Offensive in Italien angetan, wohl auch im Hinblick darauf, daß diese es den Alliierten unmöglich machen würde, Truppen aus Italien abzuziehen und nach Westen zu verschieben. Kurz darauf depeschierte Arz dem deutschen Generalstabschef, daß er in Gesprächen mit Conrad und Boroević das Datum des Angriffs zu fixieren bemüht sein werde. Und am 27. März hieß es bereits verbindlich: „Ich beehre mich, Euer Exzellenz mitzuteilen, daß ich mit allen personellen und materiellen Mitteln der k. u. k. Armee einen Angriff gegen Italien führen werde. Die Vorbereitungen für diese Operation werden bis Ende Mai zum Abschluß gebracht sein. Als Ergebnis dieser Operation, die uns bis an die Etsch führen sollte, erwarte ich den militärischen Zusammenbruch Italiens."

Intern zeigte sich Arz hingegen weniger optimistisch, da er offensichtlich an der Leistungsfähigkeit der k. u. k. Truppen zweifelte und eine zaudernde Haltung an den Tag legte. Feldmarschall Conrad, Befehlshaber der k. u. k. Heeresgruppe in Südtirol, war es schließlich, der durchsetzte, daß Arz einen Angriff zwischen Astico und Piave befahl. Die Heeresgruppe Boroević sollte die Offensive mit der Isonzoarmee und der 6. Armee durch einen Vorstoß Richtung Treviso unterstützen. Conrad forderte 30½ Divisionen, rund zehn Korps also, und damit fast doppelt so viele Soldaten, als seine Armeen zum damaligen Zeitpunkt hatten. Und er hatte auch gleich eine Lösung parat: Man möge doch einfach der Isonzoarmee die von ihm benötigten Divisionen wegnehmen. Bei einer Besprechung Conrads mit dem Kaiser und dem AOK in Baden am 11. April kam es zu einem unkoordinierten Drauflosplanen. Arz und der Chef der Operationsabteilung, General Waldstätten, waren für einen Angriffsschwerpunkt zwischen Astico und Piave, während Conrad die Offensive schließlich doch weiter im Westen führen wollte. Boroević wiederum wollte den Schwerpunkt ganz klar bei seiner Heeresgruppe und am Piave liegen haben. Bei der Besprechung hatte der Kaiser Conrads Ideen zugestimmt. Kaum war er wieder abgereist, begannen Arz und Waldstätten, den Kaiser umzustimmen und für ihre Ideen zu erwärmen. Karl war trotz einer unbestreitbaren militärischen Erfahrung in Fragen der großen operativen Planung sichtlich überfordert. Er erkannte daher auch nicht, daß Arz und Waldstätten die Pläne Conrads ebenso wie jene Boroević zu realisieren suchten, keinen klaren Schwerpunkt bilden wollten und in der Folge dem einen wie dem anderen massive Truppenverstärkungen und Nachschubgüter vorenthielten. Was man dabei übersah und nicht wahrhaben wollte: Es ging um die letzten Reserven Österreich-Ungarns.

Am 13. Juni begann am Tonalepaß der Angriff, der zur Ablenkung der Italiener gedacht war. Die Heeresgruppe Conrad trat in Aktion. Zwei Tage hindurch regnete es in Strömen. Die Truppen traten naß und ohne großen Schwung an. Soldaten des 4. Kaiserjägerregiments waren noch knapp vor Beginn der Offensive zu den Italienern übergelaufen. Der Angriff am Tonale war ein glatter Fehlschlag. Die Italiener fühlten sich so wenig bedroht, daß sie nicht einmal erkennbare Truppenverschiebungen vornahmen, um ihre Kräfte in diesem Abschnitt zu verstärken. Am 15. Juni um drei Uhr früh begann dann der Hauptangriff entlang der Front von den Sieben Gemeinden bis zum Piave. Die Alliierten wußten über den Zeitpunkt des Angriffs Bescheid und begannen mit heftigem Artilleriestörfeuer. Die k. u. k. Artillerie setzte um Stunden später ein. Auf der Hochfläche blieben ihr Feuer und auch das Giftgas ohne nennenswerte Wirkung. Beim darauffolgenden Infanterieangriff kamen die meisten k. u. k. Korps kaum über ihre Ausgangsstellungen hinaus.

Die Offensive der Heeresgruppe Conrad war bereits gescheitert, noch ehe die Truppen Boroevićs angriffen. Diese hatten als ersten Feind den auf das Dreifache angeschwollenen Piave, der das Übersetzen und den Brückenschlag zur Hölle machte. Die Artillerie hatte zudem nicht genügend Munition, um über längere Zeit ein wirkungsvolles Feuer zu unterhalten. Die Fliegertruppe sah sich einer doppelten Überzahl der Alliierten gegenüber und konnte daher den Bodentruppen keine effektive Luftunterstützung bringen. Das alles offenbarte mehr als nur bloßes operatives Versagen und die katastrophale Arbeit des AOK sowie rivalisierender Heeresgruppenkommandanten: Die k. u. k. Armee hatte nicht mehr die Möglichkeit, mit den Alliierten auf dem Sektor der modernen Kriegs- und Führungsmittel mitzuhalten. Sie wurde mit der Technologie und dem Rüstungsstand einer Zeit konfrontiert, der sie nicht mehr gewachsen war.

Die Junischlacht in Venetien zerfiel auch am Piave bereits innerhalb weniger Stunden in isolierte Einzelgefechte mit wechselndem Erfolg. 14 Divisionen kamen über den Piave. Sie kämpften teils in den Niederungen, teils auf dem Höhenrücken des Montello, über dem sich auch heftige Luftkämpfe abspielten. Der Montello war überhaupt der einzige Abschnitt, in dem sich ein Erfolg abzeichnete. Die Italiener hatten aus Furcht vor einem Gasangriff in einigen Abschnitten die Stellungen fluchtartig verlassen, woraufhin das k. u. k XXIV. Korps vordringen konnte. Da man zu dessen Unterstützung jedoch keine Reserven heranbrachte, mußte das Korps wieder in seine Ausgangsstellungen zurückgehen. Die Junioffensive, die von den Alliierten wohl zutreffend auch als „Hungeroffensive" bezeichnet worden war, war gescheitert. Die Offensive hatte für die Westmächte zudem eine wichtige Erkenntnis gebracht, da sie Österreich-Ungarn zu Recht für nachhaltig geschwächt hielten. Jetzt entfiel sogar die Notwendigkeit, zusätzliche amerikanische Truppen nach Italien zu bringen. Diese wurden daher nach Frankreich geschickt.

Die Verluste waren trotz der wenigen Kampftage außerordentlich schwer. Die Gesamtverluste der österreichisch-ungarischen Truppen beliefen sich auf über 118.000 Menschen. Dazu kamen ungeheure Mengen an Waffen und Ausrüstungen, die verlorengegangen waren. Das Führungschaos, das sich im Verlauf der Offensive immer deutlicher gezeigt hatte, zog Konsequenzen nach sich. Am 11. Juli enthob Kaiser Karl Conrad von Hötzendorf des Kommandos. Arz und Waldstätten, die eine gewisse Mitschuld hatten, wurden jedoch in ihren Stellungen belassen. Es gab heftige Kritik von seiten der Ungarn, aber auch der politischen Parteien beider Reichshälften sowie auch aus den Reihen der Armee selbst. Generaloberst Fürst Schönburg-Hartenstein, der Kommandant des IV. Korps der Isonzoarmee, verfaßte ein umfangreiches

Memoire, in dem er dem Kaiser in aller Offenheit die katastrophale Situation von Staat und Heer sowie die Notwendigkeit eines sofortigen Friedens vor Augen führen wollte. Der Kaiser nahm dies aber letztlich ebensowenig zur Kenntnis wie die Attacken gegen das AOK und seine Person. Und die Zahl derer, die ihn für die Misere persönlich verantwortlich machten und ihm seine Unentschlossenheit, seine Fehler und seine charakterlichen Schwächen zum Vorwurf machten, stieg von Tag zu Tag. Und es gab eigentlich nirgendwo einen Lichtblick.

Auch die Kriegsmarine hatte mit keinen neuen Erfolgen aufzuwarten. Der Seekrieg in der Adria hatte im Frühjahr 1918 andere Formen angenommen. Italiener wie Österreicher versuchten mit kleinen Überfällen, Landungsoperationen und dem Eindringen in die Kriegshäfen zum Erfolg zu kommen. Die deutschen U-Boot-Verluste im Mittelmeer nahmen sprunghaft zu, und die Briten verstärkten ihre Luftangriffe gegen die maritimen Basen. Die Notwendigkeit, Schutzmaßnahmen zu ergreifen und nur unter bestimmten Bedingungen aus- und einlaufen zu können, verlangsamte die Seekriegführung enorm und hemmte vor allem die U-Boote.

In dieser Situation wollte der k. u. k. Flottenkommandant Miklos von Horthy erneut einen Raid gegen die Otrantosperre wagen. Und diesmal sollte auch die Schlachtschiffgruppe Verwendung finden. Das Unternehmen war für den 11. Juni geplant. Am Abend des 8. Juni verließ die erste Schlachtschiffgruppe mit zwei Schiffen der „Tegetthoff-Klasse" Pola. Horthy selbst war an Bord SMS „Viribus Unitis". Die zweite Schlachtschiffgruppe mit „Szent István" und „Tegetthoff" verließ Pola am Abend des 9. Juni. Doch die Alliierten waren gewarnt. Die Zunahme des Funkverkehrs und vermehrte Fliegertätigkeit hatten sie auf eine bevorstehende Aktion aufmerksam gemacht. Noch vor Morgengrauen des 10. Juni feuerten italienische Torpedoboote (MAS) zwei Torpedos auf „Szent István" ab. Das Schlachtschiff war so schwer getroffen, daß es nach weniger als drei Stunden sank. Daraufhin brach Horthy die Aktion ab. Man kehrte wieder zu den kleinen Unternehmen zurück und wartete im übrigen auf das Ende. Die Flotte versank mehr oder weniger in Agonie. Nach dem Scheitern der Piaveoffensive verschlechterte sich die Situation der k. u. k. Kriegsmarine rapide. Die Loyalität der Truppen nahm ständig ab. Die U-Boote erzielten kaum mehr Erfolge, und die Deutschen waren nicht mehr in der Lage, den Ausfall der k. u. k. Truppen wettzumachen. Die letzte größere Aktion der k. u. k. Streitkräfte war die Beschießung des Hafens von Durazzo am 2. Oktober. Am 17. Oktober befahl das AOK der k. u. k. Kriegsmarine, sich nur mehr für die Verteidigung der dalmatinischen Häfen bereitzuhalten. Damit war für sie bereits das Ende nahe.

Es war aber nicht nur die Situation von Heer und Flotte, die das Gefühl der Ausweglosigkeit steigerten. Ebenso war es in der politischen Sphäre. Der österreichische Ministerpräsident, Baron Seidler, konnte kein Budget mehr verabschieden. Er bat den Kaiser, demissionieren zu dürfen. Der Kaiser verweigerte seine Zustimmung. Seidler mußte im Amt bleiben und handelte immer unkontrollierter. Ab 1. Juli 1918 wurde der Staatshaushalt ohne parlamentarische Genehmigung geführt. Daraufhin trat eine Obmännerkonferenz der Parteien zusammen und beschloß in die Tagesordnung für die nächste Reichsratssitzung eine Ministeranklage gegen Seidler und Innenminister Toggenburg aufzunehmen.

Bei der Reichsratseröffnung am 16. Juli erinnerte Seidler an sein Regierungsprogramm. Er hatte zweifellos recht, wenn er den slawischen Parteien und vor allem den Tschechen vorwarf, sie wären zu keiner Zusammenarbeit bereit gewesen. Er machte aber seinem Groll in ungewöhnlicher Weise Luft: „Wenn in dem Umstand, daß die Regierung von dem so lange und geduldig angestrebten Einvernehmen der Nationen endlich absah, die Andeutung eines deutschen Kurses erblickt wird, so liegt mir ferne, dem entgegentreten zu wollen. Denn wenn es einen politischen Kurs in Österreich gibt, so kann es nur ein solcher sein, der den berechtigten Interessen des deutschen Volkes vollen Schutz gewährt. Das Rückgrat dieses vielgestaltigen Staates ist nun einmal das deutsche Volk und wird es immer bleiben." Diese Worte kamen einer Kampfansage gleich. Das Haus tobte, was Seidler jedoch nur dazu veranlaßte, noch weiter zu gehen. Da am 23. Juli die Debatte über das Versagen der Armee und einzelner Generäle während der Piaveoffensive beginnen sollte, war mit den Deutschradikalen vereinbart worden, Tumulte zu beginnen, so daß dann ein Vorwand gegeben war, um den Reichsrat neuerlich aufzulösen. Dann sollte in einer Art Neuauflage der Zivildiktatur à la Stürgkh mittels kaiserlicher Patente regiert werden.

Plötzlich aber gab es eine unerwartete Lösung. Der Polenklub gab dem Präsidenten des Abgeordnetenhauses bekannt, er würde dem nächsten provisorischen Budget zustimmen, doch nur unter der Voraussetzung, daß Seidler endlich zurücktrete. Seidler demissionierte umgehend, und der Kaiser nahm den Rücktritt des Kabinetts an. In diesem Augenblick zeigte sich aber auch, daß Seidler offenbar in vollstem Einverständnis mit Kaiser Karl gehandelt hatte, denn der Kaiser ernannte ihn nicht nur zu seinem Kabinettsdirektor, sondern wünschte auch, daß „die von Seidler verfolgte Richtung" beibehalten werde.

Als Nachfolger wurde der frühere Unterrichtsminister Max von Hussarek-Heinlein bestimmt, der als Nahziele seiner Politik einen polnisch-ruthenischen Ausgleich und einen Modus vivendi mit den Südslawen nannte. Bereits Ende Juli begann er damit, die nationale Trennung der Deutschen von den Tschechen voranzutreiben und das deutsche Siedlungsgebiet aus dem Staatsverband des Königreichs Böhmen herauszulösen. Tschechischerseits sprach man von „Landeszerreißung".

Auch den südslawischen Bestrebungen konnte sich Hussarek nicht entgegenstemmen. Er mußte zur Kenntnis nehmen, daß die bis dahin als besonders monarchietreu geltenden Slowenen sich immer deutlicher für eine jugoslawische Lösung auszusprechen begannen. Die Mitschuld der Wiener Regierung war aber unübersehbar. Da sie den Wünschen der gemäßigten und nach wie vor habsburg-loyalen Gruppen um Jovan Šusteršič nicht nachgab, konnten die Nationalisten um Ante Korošec die Oberhand gewinnen.

Während man im Inneren verzweifelt nach Lösungen suchte, drängte die Deutsche Oberste Heeresleitung auf eine Verschiebung von k. u. k. Truppen an die Westfront. Da das AOK zunächst zögerte, gaben die Deutschen zu verstehen, daß sie erst dann, wenn über eine Verlegung der Truppen entschieden sei, eine neuerliche Mehlaushilfe gewähren wollten, eine massive Drohung angesichts der prekären Ernährungssituation vor allem im Hinterland der Monarchie. Kurz darauf wurden die ersten beiden Divisionen in Marsch gesetzt; zwei weitere folgten im September. Die k. u. k. Truppen wurden zunächst in den Kampfverfahren geschult, die im Westen angewendet wurden. Sie erhielten ihre Bewaffnung und Ausrüstung ergänzt. Doch die physischen Mängel, die desolate Adjustierung und auch die Eindrücke der neuen Front ließen sich nicht ausgleichen und verwischen. Schon am 12. September 1918 erlitt die k. u. k. 35. Infanteriedivision in der Schlacht von St. Mihiel gegen französische und amerikanische Kräfte schwere Verluste.

Die westlichen Alliierten waren seit dem Juli um 250.000 amerikanische Soldaten verstärkt worden. Sie verfügten über eine materielle Übermacht, die bei Panzern und Flugzeugen schon regelrecht erdrückend war, waren weitaus besser ernährt und mußten sich um die Moral der Soldaten keine Sorgen mehr machen. Dem konnten die deutschen Truppen nichts mehr entgegensetzen. Das mußte auch die k. u. k. 1. Infanteriedivision erfahren, die in den Kämpfen Anfang Oktober über die Hälfte ihres Standes einbüßte. Damit kam für Österreich-Ungarn der letzte Halt ins Wanken. Die Deutschen, die bisher als Garanten für den Sieg der Mittelmächte galten, waren in Frankreich und Flandern am Ende.

In Italien gingen die k. u. k. Truppen in einer Art „Isonzomentalität" wieder zur Defensive über. Noch hielt die Disziplin bei den Fronttruppen, doch wie lange? Um den Zerfall zu fördern und womöglich zu beschleunigen, intensivierten die Italiener ihre Propagandatätigkeit. Sie mischten geschickt Wahres und Falsches und berichteten auf Flugblättern von schweren österreichischen Verlusten. Die Gerüchte betrafen auch Kaiserin Zita. Sie hätte die Piaveoffensive verraten und wäre daher zusammen mit ihrer Mutter in Schloß Gödöllö in der Nähe von Budapest interniert worden, hieß es. Der k. u. k. Kriegsminister Stöger-Steiner griff daraufhin ein, um der unsinnigen Tratscherei ein Ende zu bereiten, und forderte die Offiziere in harschem Ton auf, sie sollten derlei Gerüchtemacherei nicht nur entgegentreten, sondern auch die Verbreitung verhindern und notfalls zur Anzeige bringen.

Die Propaganda der Alliierten, die es geschickt verstanden, Unzufriedenheit zu schüren und die Nationalitäten gegeneinander aufzuhetzen, erwies sich als äußerst erfolgreich. Denn in der Folge griffen bei der Armee im Felde Eifersüchteleien, Aversionen und nationalistische Erregung immer weiter um sich. Die deutsch-österreichischen Truppenkörper argwöhnten, daß sie immer an den Brennpunkten eingesetzt würden. Die Ungarn bezichtigten die ihnen beigegebene tschechische und polnische Artillerie des absichtlichen Kurzschießens, während Tschechen und Polen wieder die ungarischen Geschützmannschaften wegen schlecht liegenden Feuers verdächtigten. Mißtrauen und Abneigung wuchsen schlagartig. Dazu trug sicherlich auch bei, daß die Soldaten nicht nur schwach, sondern auch unterernährt waren, und im Sommer 1918 epidemische Krankheiten um sich griffen. Die Heeresgruppe Boroević meldete täglich rund 700 neue Malariafälle.

Mitte August reiste Kaiser Karl mit seinem Generalstabschef erneut nach Spa zu Kaiser Wilhelm, wo er auf einen gleichermaßen der Niederlage entgegenbangenden deutschen Kaiser traf. Allerdings meinte Wilhelm, der Zeitpunkt für ein Verhandlungsangebot wäre sehr schlecht, man sollte doch zuwarten, bis der deutsche Rückzug zum Stehen gekommen wäre und man den Ententemächten zeigen könnte, daß die Deutschen ihnen immer noch schwere Verluste zuzufügen vermochten. Karl schloß eine auch nur begrenzte Offensive in Italien kategorisch aus. Der Krieg war verloren, was sollten da noch weitere militärische Demonstrationen? Als Arz bei der Besprechung mit Hindenburg und Ludendorff meinte, ein Siegfrieden wäre nicht mehr im Bereich des Möglichen, widersprachen die beiden zumindest nicht mehr. Auch bei den Friedensbedingungen zeigten sich die Deutschen moderater als früher: Frieden auf der Grundlage des Status quo wäre als Verhandlungsgrundlage zu nennen. Doch das war bereits völlig illusorisch geworden.

Angesichts der tristen Situation an der Front und im Hinterland sah sich Kaiser Karl genötigt, einen einseitigen Friedensschritt zu setzen. Karl ersuchte General Cramon, nach Spa zu telegrafieren, daß Österreich-Ungarn ein einseitiges Ersuchen an die Alliierten richten würde, wenn sich das Deutsche Reich nicht zu einer gleichen Aktion entschließen könne. Cramon erhielt von der Deutschen Obersten Heeresleitung daraufhin den Auftrag, alles in seiner Macht Stehende zu tun, um die Österreicher davon abzuhalten. Er wandte sich an Kaiser Karl mit der Bitte, noch etwas zuzuwarten, doch Karl hatte eigentlich schon längst keine Zeit mehr. Er beauftragte am 14. September 1918 den Minister des Äußern mit der Absendung einer Friedensdemarche. Kaiser Wilhelm wurde nur mehr über den bereits vollzogenen Schritt verständigt. So konnte der deutsche Kaiser lediglich nachträglich „Bedauern" und „Erstaunen" zum Ausdruck bringen. Die Alliierten zeigten sich jedoch von der Note gänzlich unberührt und reagierten nur mit der Feststellung, daß sich erst das Deutsche Reich ergeben müsse, dann könne man auf Österreich-Ungarn eingehen.

Die letzte Runde war damit eingeläutet. Jetzt ging es nur mehr um Angebote, Proklamationen und schließlich um die Auflösung.

18 Der Krieg wird Geschichte

Gleichzeitig mit der Absendung der Note vom 14. September begann der militärische Zusammenbruch Bulgariens. In den Zeitungen der Monarchie wurde er freilich fast zwei Wochen lang verschwiegen. Erst langsam wurde die Bevölkerung durch kryptische Nachrichten auf die Möglichkeit eines unmittelbar bevorstehenden Waffenstillstands der Bulgaren aufmerksam. Und damit blickte man nach längerer Zeit erstmals wieder auf den Balkan.

Am 14. September griffen die Alliierten, serbische Truppen voran, die deutsche Heeresgruppe Scholz in Mazedonien an. Bereits drei Tage später zeigten sich bei der bulgarischen 2. Division Auflösungserscheinungen. Daher lag das Schwergewicht der Abwehr bei den deutschen und österreichisch-ungarischen Verbänden. Am Morgen des 25. überschritt britische Kavallerie die bulgarische Grenze. Eine demokratische Revolution begann. Bulgarien ersuchte um sofortige Entsendung deutscher und österreichisch-ungarischer Truppen und pochte dabei auf die Militärkonvention von 1915. Das AOK sagte zwar die Entsendung von zwei Divisionen zu, man wußte aber, daß der Transport der Truppen aufgrund der tristen Eisenbahnsituation drei bis vier Wochen dauern würde. In Berlin, Wien und Sofia war man sich dessen bewußt, daß das zu spät sein würde. Die bulgarische Regierung sandte daher am 26. September eine Waffenstillstandsdelegation in das Hauptquartier des französischen Oberbefehlshabers an dieser Front, General Franchet d'Espéreys, versuchte noch zu taktieren und deutete sogar einen Frontwechsel Bulgariens an. Doch der Franzose zeigte sich nicht interessiert.

Mit der Kapitulation Bulgariens fiel ein Großteil jener Truppen aus, die bis an die albanische Grenze gestanden waren, denn Bulgarien hatte ja seinerzeit große Gebiete der Balkanhalbinsel nördlich der griechischen Grenze besetzt gehabt, um seine territorialen Forderungen zu unterstützen. Der Kommandant der k. u. k. Armeegruppe Albanien, Generaloberst Pflanzer-Baltin, mußte sich unter großen Mühen zurückziehen, und auch in Serbien war es den deutschen und k. u. k. Truppen nicht möglich, sich den Alliierten nachhaltig entgegenzustemmen.

Generaloberst von Arz schlug Kaiser Karl daraufhin vor, eine Heeresgruppe unter dem Kommando von Feldmarschall Hermann von Kövess aufzustellen, die eine Front von Skutari über Ipek, Mitrovica und Niš aufbauen sollte. Wenn es nicht möglich sei, diese Linie zu halten, so sollten sich die Truppen auf die Vorkriegsgrenzen von Drina, Save und Donau zurückziehen. Als Kövess am 4. Oktober in Belgrad eintraf, hatte Bulgarien den Waffenstillstand abgeschlossen, die alliierte Hauptmacht war auf 28 Divisionen angewachsen, zu denen noch zwei italienische Divisionen in Albanien kamen, und die eigenen Kräfte waren erst im Antransport. Eine aussichtslose Situation, in der Kövess bereits nach wenigen Tagen den Entwurf für ein Waffenstillstandsabkommen ausarbeiten ließ.

Während die Front auf dem Balkan zusammenzubrechen begann, gab es im Inneren des habsburgischen Vielvölkerreichs die letzten Versuche, den Gesamtstaat zu retten und für die Nationalitäten einen Modus vivendi zu finden. Mit dem gemeinsamen Ministerrat vom 27. September 1918 wurde das Ende der Monarchie augenfällig. Kaiser Karl eröffnete ihn mit einer Aufforderung an die Regierungen beider Reichshälften: „Im Zusammenhang mit der außenpolitischen Lage dränge sich die Notwendigkeit einer Rekonstruktion im Innern, namentlich im Hinblick auf die südslawische Frage auf, welche den Gegenstand der Erörterungen zu bilden hätte." Auch Minister Burián forderte zu schnellem Handeln auf. Doch anstatt entschlossen zu handeln, wurde ein letztes Mal taktiert. Hussarek war bereit, von einer „nationalen Autonomie" zu sprechen. Diese sollte allerdings kein Selbstbestimmungsrecht sein, sondern lediglich autonome Ansätze für eine Rekonstruktion der österreichischen Länder bieten. Als auch bei einem weiteren gemeinsamen Ministerrat am 2. Oktober keine Einigung erzielt werden konnte, bot Hussarek seinen Rücktritt an.

Am 11. Oktober demissionierten gleichzeitig die Regierungen Hussarek in Österreich und Wekerle in Ungarn. Sie wurden mit der Fortführung der Geschäfte betraut, doch verfügten sie nur mehr über eine eingeschränkte Handlungsfähigkeit. Der Kaiser wollte nun selbständig agieren. Er nützte die Regierungskrisen und formulierte ein Manifest, mit dem er einen Ausgleich der nationalen Gegensätze einleiten wollte. Es sollte ein Instrument der Waffenstillstands- und Friedenspolitik und eine Art Vorleistung für einen Friedensschluß auf der Basis der 14 Punkte Wilsons sein. Tschechen und Südslawen zeigten sich aber von Anfang an nicht bereit, dieses Manifest zu akzeptieren. Am 15. Oktober tagte erneut ein gemeinsamer Ministerrat, der das sogenannte „Völkermanifest" Kaiser Karls akzeptierte. Am selben Tag gab das AOK mittels eines offenen Funkspruchs bekannt, daß man die Truppen auf die Vorkriegsgrenzen zurückziehen wolle, um dort die Ergebnisse der Verhandlungen einer Friedenskonferenz abzuwarten. Die italienischen Kriegsgefangenen in den zu räumenden Gebieten sollten freigelassen werden.

Die Reaktionen auf das Manifest zeigten deutlich, daß es zu spät kam. Das Manifest wurde von den Nationen der österreichischen Reichshälfte als Signal zur Auflösung verstanden. Da aber keiner wußte, wie die neuen Staaten beschaffen sein würden, wollten alle ihre Soldaten nach Hause rufen. Dort, wo die Soldaten den Rufen folgten – oft ganze Bataillone und Regimenter –, brachen Divisionsabschnitte zusammen. Nur der Eid war für viele ein Hindernis. Doch nicht der Kaiser entband die Soldaten und Offiziere ihres Eides, sondern die neu entstehenden Staaten nahmen sich das Recht, diesen Eid aufzuheben.

Am 20. Oktober langte endlich die kaum mehr erwartete Antwort Präsident Wilsons auf das österreichische Waffenstillstandsangebot vom 4. Oktober ein, in dem Wilson Kaiser Karl mitteilen ließ, daß er dem Vorschlag für einen Frieden auf der Basis der 14 Punkte nicht zustimmen könnte, daß sich seither so vieles ereignet habe, das auch für die USA Konsequenzen gehabt hätte. Damit wurde deutlich, daß sich die USA mit der Haltung der Ententemächte solidarisierten und den Krieg mit Österreich-Ungarn erst dann beenden wollten, wenn es diesen Staat nicht mehr gab.

In Ungarn setzten sich die Radikalen durch, die sowohl die Real- als auch die Personalunion mit Österreich aufgekündigt sehen wollten. Karl reiste nach Ungarn, um zu versuchen, die Habsburgermonarchie zu retten. Daß Polen, Tschechen, Südslawen und Italiener nicht mehr zu halten waren, wurde bereits als selbstverständlich angenommen. Es wurde nur mehr davon gesprochen, daß die beiden Länder Österreich und Ungarn einen gemeinsamen Monarchen haben würden. Doch um ein Land regieren zu können, bedarf es auch der Macht dazu. Und die war nicht mehr vorhanden. In Budapest kam es zu offenen Demonstrationen. Der Oppositionsführer Graf Károly verlangte am 20. Oktober den sofortigen Friedensschluß, die Heimbeförderung der ungarischen Soldaten und die Ernennung eines ungarischen Außenministers. Gerade letzteres mutete seltsam an, denn Burián war ja Ungar. Doch was die Ungarn damit ausdrücken wollten, war klar – ein Ende der gemeinsamen Ministerien. Burián demissionierte. Kaiser Karl ernannte einen neuen k. u. k. Minister des Äußern und wieder einen Ungarn, nämlich Graf Gyulá Andrássy d. J. Und in Österreich wurde am 25. Oktober Heinrich Lammasch zum österreichischen Ministerpräsidenten ernannt. Er fand aber eigentlich kein Österreich mehr vor. Sein Ziel konnte nur die Liquidierung des Reiches sein.

In Agram hatte sich schon ein südslawischer Nationalrat gebildet, der einen eigenen Staat proklamierte. In Budapest gab es Straßenschlachten. Am 31. Oktober schien die „bürgerliche" Revolution gesiegt zu haben: Der Palatin Erzherzog Joseph ernannte Mihály Károly zum Ministerpräsidenten. Am selben Tag erschossen Soldaten Graf Tisza in dessen Haus in Pest. In Prag war am 28. Oktober die Republik ausgerufen worden, in Deutsch-Österreich aber demonstrierte man für einen Anschluß an das Deutsche Reich. Alle schienen es eilig zu haben, neue Staaten zu gründen, und nur wenige kümmerten sich noch um die Reichsangelegenheiten.

Wie im Hinterland, so begann auch an der Front fast gleichzeitig die Auflösung. Meutereien und Desertionen standen an der Tagesordnung. Und die Italiener taten alles, um die Zersetzung zu fördern. Trotz der zu beobachtenden Auflösungserscheinungen begannen sie aber erst am 24. Oktober mit einer Offensive. Es war der Jahrestag des Beginns der Durchbruchsschlacht von Flitsch-Tolmein. Nun traten die Italiener gemeinsam mit Ententetruppen an, um der Habsburgermonarchie den Todesstoß zu versetzen. Überfallartig setzte am Grappa-Massiv, am Monte Tomba, das Artilleriefeuer ein. Wenig später feuerten Tausende Geschütze entlang der ganzen Front. Dabei zeigte sich aber tatsächlich ein Phänomen: Die angegriffenen Truppen verteidigten sich so, als ob es keine zusammenbrechende Front und keine auseinanderdriftende Heimat gäbe – und das bei Ausfällen von 30 bis 70 Prozent. Sie kämpften um ihr Leben. Doch letztlich war es nur eine Frage der Zeit.

Am 26. Oktober dehnten die Italiener ihre Offensive auf die Armeegruppe Belluno aus. Dann griff die alliierte Offensive auf die Piavefront über, und auch sie war nach einem weiteren Tag nicht mehr zu halten. Am 28. Oktober gewannen die Alliierten Brückenköpfe östlich des Piave. An einen Gegenangriff war nicht mehr zu denken, da die k. u. k. Truppen nicht mehr kämpfen und eigentlich nur mehr nach Hause wollten. Die Front löste sich einfach auf, und den Alliierten war es ein leichtes, durchzustoßen.

Zwei Tage nach seinem Amtsantritt hatte Graf Andrássy dem k. u. k. Botschafter in Berlin, Hohenlohe, eine Botschaft Kaiser Karls an Kaiser Wilhelm übersandt, in der Karl diesem mitteilte, er habe den unabänderlichen Entschluß gefaßt, innerhalb der nächsten 24 Stunden um einen Waffenstillstand oder Sonderfrieden zu bitten. Am 28. Oktober ging die entsprechende Depesche hinaus. Karl versuchte zunächst, den Friedensschritt durch eine Volksbewegung unterstützen zu lassen. Er berief den Wiener Bürgermeister Weiskirchner zu sich und legte ihm nahe, am Abend des 28. in Wien „spontane" Demonstrationen zu organisieren, um so Zustimmung zum kaiserlichen Schritt zu zeigen. Doch damit war letztlich nichts gewonnen. Die Bemühungen um einen Waffenstillstand bekamen in der Folge merkwürdige, ja fast peinliche Züge.

In Trient befand sich seit Anfang Oktober eine Kommission unter General von Weber, die ausschließlich aus Offizieren und keinem einzigen Diplomaten bestand, mit dem Auftrag, Kontakte zu den Italienern herzustellen und einen Waffenstillstand abzuschließen. Weber wurde instruiert, daß er alle Bedingungen akzeptieren könnte, außer solche, die die Ehre der Armee nicht zuließen oder auf eine totale Entrechtung hinausliefen.

Die Kommission wurde schließlich in die Villa Giusti in der Nähe von Padua, das Gästehaus der italienischen Heeresleitung, gebracht. Die alliierte Delegation unter der Leitung des stellvertretenden italienischen Generalstabschefs, Generalleutnant Pietro Badoglio, sollte aber erst eintreffen. In der Nacht zum 2. wurden schließlich die vom Alliierten Obersten Kriegsrat ausgearbeiteten Bedingungen übergeben. Ihre wesentlichen Punkte waren: 1. Unverzügliche Einstellung der Feindseligkeiten. 2. Komplette Demobilisierung, Rückzug aller Truppen von der Front und Abrüstung der k. u. k. Armee nach dem Krieg auf 20 Divisionen. 3. Rückzug aller k. u. k. Truppen von den seit 1914 besetzten Territorien und Rückzug aus dem Gebiet südlich des Brenners innerhalb eines noch später festzulegenden Zeitraums. 4. Besatzungsrechte für die Alliierten und Bewegungsfreiheit innerhalb Österreich-Ungarns. Als man im AOK davon Nachricht erhielt, war man erschüttert. Es sollte ja nur ein Waffenstillstand geschlossen werden, und jetzt forderten die Gegner eine Kapitulation. Bis Mittag des 2. November erwarteten die Alliierten eine Antwort.

Als von den Österreichern zum vereinbarten Zeitpunkt keine Antwort eintraf, sandte der italienische Generalstabschef ein Telegramm, in dem er die Annahme der Bedingungen bis 3. November Mitternacht forderte. Sei dies nicht der Fall, würde die Offensive mit voller Macht fortgeführt.

Eine halbe Stunde vor Mitternacht des 2. November ermächtigte der Kaiser den Chef der Operationsabteilung, Waldstätten, an General von Weber zu telegrafieren, die Bedingungen sollten angenommen werden; Punkt 4 über die freien Durchmarschmöglichkeiten allerdings unter Protest. Mittlerweile wurde den k. u. k. Truppen bereits die Einstellung der Kämpfe bekanntgegeben.

Karl versuchte fast verzweifelt, das Oberkommando, das er 1916 aus guten Gründen übernommen hatte, nun so rasch wie möglich wieder loszuwerden und einen Verantwortlichen für den Abschluß des Waffenstillstandes zu finden. Er beschwor den Generalstabschef, den Oberbefehl zu übernehmen, und händigte ihm am 3. November um drei Uhr morgens ein liniertes Blatt mit den handgeschriebenen Worten aus: „Lieber Generaloberst Baron Arz. Ich ernenne Sie zu meinem Armeeoberkommandanten. Karl." Arz weigerte sich, worauf der Kaiser einen General zum Oberbefehlshaber ernannte, der davon gar nichts wußte, nämlich den als Kommandanten der Heeresgruppe in Tirol vorgesehenen Feldmarschall Baron Kövess, der zu diesem Zeitpunkt freilich noch auf dem Balkan und unerreichbar war.

Am 3. November 1918, um 15 Uhr, wurde das Waffenstillstandsdokument unterzeichnet. Die österreichisch-ungarische Delegation war in keiner Weise darauf vorbereitet, daß sich unter den Bedingungen nunmehr eine 24-Stunden-Frist fand, die von den Italienern als unverzichtbar hingestellt wurde, um den eigenen Soldaten das Ende der Kämpfe bekanntzugeben. Fast flehentliche Hinweise General Webers darauf, daß den k. u. k. Truppen bereits befohlen worden war, die Waffen zu strecken, wurden nur mit Schulterzucken quittiert. Der Waffenstillstand sollte sich auch auf die anderen Fronten, an denen k. u. k. Truppen standen, auf den Balkan und die deutsche Westfront erstrecken. Dort herrschte begreifliche Verwirrung. Denn das Deutsche Reich hatte ja noch keinen Waffenstillstand abgeschlossen, ja noch nicht einmal Verhandlungen darüber aufgenommen. Daher wurden die k. u. k. Truppen einfach nach hinten abgeschoben.

Auf dem Balkan war der Rückzug schon fast beendet. Am 1. November sprengten k. u. k. Truppen die Eisenbahnbrücke bei Belgrad. Tags darauf stand von der Heeresgruppe Kövess kein Soldat mehr auf serbischem Boden. Kövess erfuhr übrigens erst am 4. oder 5. November, daß er zum Armeeoberkommandanten ernannt und in seinem Namen der Krieg beendet worden war. Er fuhr unverzüglich auf der Donau nach Wien. Währenddessen forderte und bekam Ungarn eigene Waffenstillstandsverhandlungen, weil es sich vom Vertrag in der Villa Giusti nicht betroffen fühlte. Es waren jedoch dieselben Bedingungen.

Das k. u. k. Armeeoberkommando hatte de facto kapituliert, doch dahinter stand kein staatliches Gebilde mehr.

Die Waffenstreckung wurde von den 52 Millionen Menschen der sich auflösenden Habsburgermonarchie durchaus unterschiedlich, keinesfalls aber als etwas erlebt, das ein ähnlich kollektives Empfinden ausgelöst hätte wie die Entfesselung des Krieges. Ein Teil von ihnen gehörte zu den Siegerstaaten; ein anderer zu den Verlierern. Was sein würde, mußte die Zukunft zeigen. Österreich-Ungarn gehörte der Vergangenheit an.

Nach der russischen Oktoberrevolution kam es wieder zu Verbrüderungen und praktisch zur Einstellung der Kämpfe. Im Bild übergeben russische Soldaten einer ungarischen Patrouille ein Paket Zeitungen.

Schon vor der russischen Oktoberrevolution suchten russische Soldaten und Offiziere Verhandlungen anzuknüpfen und baten die gegenüberliegenden Truppen der Mittelmächte um die Einstellung der Feindseligkeiten. Meist wurde dem sofort und gerne entsprochen.
Links: Österreichisch-ungarische Soldaten tanzen mit russischen Kriegsgefangenen. Nur an einigen Abschnitten trachteten sogenannte

„Todesbataillone" den Krieg weiterzuführen. Anderswo ergaben sich so fremdartige Bilder wie in Brody, in das österreichisch-ungarische Truppen und Kosaken gemeinsam einritten (rechts oben). Bald wurde auch über die Einleitung regelrechter Waffenstillstandsverhandlungen gesprochen, die schließlich am 2. Dezember 1917 in Brest-Litovsk begonnen wurden. Dabei ging es nicht nur um Krieg und Frieden, sondern nicht zuletzt auch um die Hunderttausenden Kriegsgefangenen, die auf Lager in den Weiten Rußlands verteilt waren. Rechts unten: Österreichische und deutsche Kriegsgefangene in Niatka.

Der Abschluß eines Waffenstillstands und Friedens mit Rußland wurde nicht nur als Chance für einen allgemeinen Frieden gesehen, sondern auch als Möglichkeit, Not und Hunger zu lindern. Auch für die Truppen ließen sich kaum noch die benötigten Nahrungsmittel bereitstellen. Mitte unten: Eine Feldbäckerei in Haidenschaft. – Wohlfahrtsorganisationen suchten das ärgste Leid zu lindern, doch auch die unentgeltliche Ausgabe von Lebensmitteln reichte nicht mehr aus. Allein in Wien mußten täglich 150.000 Menschen notversorgt werden. Links unten: Unentgeltliche Brotverteilung des „Kaiser-Jubiläums-Vereines" in einem der Wiener Stadtbahnbögen. Kaiser Karl

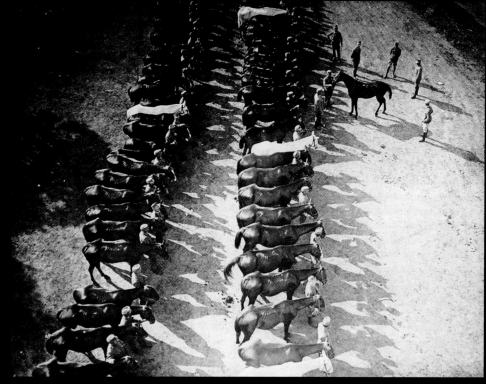

bereiste auch die Notstandsgebiete. Mitte oben: Der Kaiser beim Besuch der böhmischen Notstandsgebiete in einer Kriegsküche in Graslitz. Die Hoffnung, aus den besetzten Feindgebieten große Mengen von Lebensmitteln in die Heimat bringen zu können, zerschlug sich freilich. Links oben: Albanische Kriegsfreiwillige im Lager Lebring bei Graz meutern wegen der schlechten Versorgung. Rechts unten: Die Häutesammelstelle Belgrad der k. u. k. Militärverwaltung für Serbien, die noch am effizientesten arbeitete. So wie bald die letzten Tauglichen gemustert wurden, gab es 1917 und 1918 auch die letzen Pferdemusterungen (rechts oben).

Der Krieg war schon längst kein Männerkrieg mehr, auch wenn der gelegentlich vorgekommene Einsatz von Frauen an der Front mittlerweile verboten war. Aber es gab auch Arbeiterinnen, die ihre silbernen Tapferkeitsmedaillen herzeigen konnten (Mitte). Die Geschichte der Frau im Krieg ist auch nicht damit zu schreiben, daß man auf den Einsatz hochstehender Damen im Dienste der Kriegsfürsorge verweist,

obwohl das sicherlich erwähnenswert ist. Links unten: Dekorierung zweier Damen durch den früheren k. u. k. Kriegsminister Generaloberst von Krobatin in Villach. Tausende Frauen waren bei den Stäben zu finden (links oben: Expedit des XX. Armeekorps), Zehntausende in der Krankenfürsorge und noch viel mehr in dem Heer der namenlosen Helferinnen.

Rechts oben: Militärwäscherei in Ceggia am 2. Februar 1918.
Rechts unten: Eine Großküche in Trient.

Während sich in Österreich-Ungarn eine Hungerkatastrophe abzeichnete, eine Streikbewegung begann und Meutereien einsetzten, wurde in Brest-Litovsk über einen Frieden mit Rußland und parallel dazu über Waffenstillstand und Frieden mit Rumänien verhandelt. Schließlich erklärte sich die Ukraine unabhängig und schloß am 9. Februar 1918 einen separaten Friedensvertrag mit den Mittelmächten ab. Gleichzeitig wurden Deutschland und Österreich-Ungarn gebeten, Truppen in die Ukraine zu entsenden. Links unten: Der österreichisch-ungarische Minister des Äußern Ottokar Graf Czernin (Mitte) bei der Unterzeichnung des Friedensvertrags mit der Ukraine. Am 3. März fügte sich

auch die bolschewistische Regierung Rußlands dem Diktat der Mittelmächte und unterzeichnete den Frieden von Brest-Litovsk. Links oben: Graf Czernin im Empfangssaal des Ministeriums des Äußern auf dem Wiener Ballhausplatz nach der Friedensunterzeichnung. Anfang März lenkte Rumänien ein und willigte in die Bedingungen des Vorfriedens von Buftea. Rechts oben: Graf Czernin (links) und Generalfeldmarschall Mackensen in Buftea. Zwei Monate später, am 7. Mai 1918, konnte der Nachfolger Czernins, Stephan Graf Burián, den Frieden von Bukarest unterzeichnen. Rechts unten: Der Minister im Gespräch mit einem Leutnant.

Ende Februar 1918 setzte sich die k. u. k. 2. Armee in Bewegung, um einige Gouvernements der Ukraine zu okkupieren. Links oben: Feldmarschall Böhm-Ermolli, der Oberbefehlshaber der in die Ukraine einmarschierenden k. u. k. 2. Armee bei der Entgegennahme der Meldung seiner Truppenkommandanten. Die österreichisch-ungarischen Truppen stießen auf wenig Widerstand, machten jedoch erstmals eine größere Zahl von japanischen Soldaten zu Kriegsgefangenen. Links unten: Kriegsgefangene Japaner im Raum Odessa. Der Endpunkt des Vormarsches der k. u. k. 2. Armee war Odessa, wo man das Denkmal Katharinas der Großen von Bolschewiki

verhüllt vorfand. Der Frieden mit der Ukraine eröffnete auch der österreichisch-ungarischen Donauflottille den Weg ins Schwarze Meer. Rechts oben: Der deutsche Generalfeldmarschall von Mackensen auf dem Monitor „Temes" bei einer Fahrt im Sulina-Kanal. Da Feldmarschall Böhm-Ermolli bei der Eintreibung von Lebensmittellieferungen in der Ukraine zu wenig energisch war, wurde er durch General Alfred Krauß ersetzt. Rechts unten: Der deutsche Oberbefehlshaber in der Ukraine, Generalfeldmarschall von Eichhorn und General Krauß in Odessa.

Um den „Brotfrieden" in der Ukraine zu exekutieren, wurden 250.000 österreichisch-ungarische Soldaten in den Gouvernements Podolien, Cherson und Jekaterinoslav stationiert. Sie hatten auch die Aufgabe, die ukrainische Zentralrada in ihrem Kampf gegen die Bolschewiki und deren „Rote Armee" zu unterstützen. Letztlich mußten die k. u. k. Truppen zufrieden sein, wenn es bis zum Oktober 1918 zu keinen größeren Kämpfen kam. Links: Österreichisch-ungarische Geschützstellung und Sicherungen im Hafen von Odessa. Österreich-Ungarn half auch beim Aufbau einer neuen ukrainischen Armee. Allerdings

hatte dies den Schönheitsfehler, daß man hoffte, die ukrainische Legion und die 1. ukrainische Schützendivision würden helfen, langfristige Ziele Österreich-Ungarns zu verfolgen.

Auch hier träumte ein Habsburger, Erzherzog Wilhelm, von einer Sekundogenitur. Rechts oben: Defilierung der 1. ukrainischen Schützendivision vor Feldzeugmeister v. Goiginger.

Nach dem Frieden mit Rumänien wurden auch von diesem ehemaligen Feindstaat große Lebensmittellieferungen erwartet. Rechts unten: Maisverladungen im Hafen von Braila.

Im April 1918 bahnte sich plötzlich eine Krise für Österreich-Ungarn an, die die Stellung Kaiser Karls schwer erschütterte. Karl hatte nicht nur ganz andere Vorstellungen von einer persönlichen Führung, als sie bis dahin gegolten hatten und erledigte weiterhin einen Teil seiner Arbeit im Salonwagen der Eisenbahn. Links: Das Arbeitszimmer des Kaisers im sogenannten Hofzug; neben dem Kaiser der Chef des Generalstabes, Generaloberst Arz von Straußenburg. Kaiser Karl wollte vor allem den Zwängen der Gemeinsamen Obersten Kriegsleitung entfliehen. Seit seiner Thronbesteigung suchte er Kontakte zu den Westmächten, um die Möglich-

keiten eines Friedens zu sondieren. Da er in seinen Geheimkontakten auch bereit war, nicht nur auf österreichisch-ungarische Gebiete, sondern auch auf Elsaß-Lothringen zu verzichten, riskierte er eine schwere Belastung des Bündnisses. Als die Geheimkontakte im April 1918 als „Sixtusaffäre" bekannt wurden, leugnete Karl die Zugeständnisse, blieb aber unglaubwürdig. Begegnungen mit dem deutschen Kaiser wurden zu Canossa-Gängen. Rechts: Die beiden Monarchen jeweils in Feldmarschallsuniformen des Verbündeten auf dem Bahnhof Bad Kreuznach.

Nach der Sixtusaffäre forderte das Deutsche Reich von Österreich-Ungarn die Einlösung schon längst gegebener Versprechungen zur Entsendung von k. u. k. Truppen an die Westfront. Kaiser Karl wollte dem durch eine eigene Offensive in Italien entgehen. Doch hatte sich die italienische Armee wieder konsolidiert, war von französischen und britischen Truppen verstärkt worden und abwehrbereit. Links unten: Begräbnis zweier abgeschossener britischer Fliegeroffiziere in Levico am 11. Mai 1918. – Die Vorbereitungen für die österreichisch-ungarische Offensive am Piave brachte die Reste einer Idylle zum Schwinden, die ohnedies frag-

würdig war (links oben). Mitte: Dichterreise an die italienische Front: In Aquila trafen sich Max Halbe, Franz Karl Ginzkey, Felix Salten und Ludwig Thoma. Die Piaveoffensive sollte von zwei Heeresgruppen geführt werden, nämlich der des Feldmarschall Boroević (rechts oben, noch als Generaloberst) und der Heeresgruppe Conrad von Hötzendorf.

Rechts unten: Der Feldmarschall bei einer Truppeninspektion an der Tiroler Front. Allerdings verabsäumte es das Armeeoberkommando, einen eindeutigen Schwerpunkt festzulegen.

Österreich-Ungarns letzte Offensive begann mit dem Angriff der Heeresgruppe Conrad von Hötzendorf auf der Hochfläche der Sieben Gemeinden. Italiener, Briten und Franzosen hatten freilich den Zeitpunkt des österreichisch-ungarischen Angriffs genau erkannt. Das Artilleriefeuer blieb wirkungslos, der Einsatz von Giftgas war ohne nennenswerte Folgen, und das Scheitern des Angriffs der k. u. k. Truppen bereits am ersten Tag augen-

fällig. Links: Trommelfeuer auf Asiago am 15. Juni 1918. Jetzt ruhten die Hoffnungen auf den Truppen am Piave. Sie waren schon Tage vorher in ihre Bereitstellungsräume vorgerückt, doch der Fluß war mächtig angeschwollen, weshalb die Überwindung der Dämme und des reißenden Wassers nur an einigen Stellen gelang.

Rechts oben: Österreichisch-ungarische Stellung am Piavedamm. Rechts unten: Beginn des Übergangs über den Piave am 15. Juni 1918 bei Grave di Papadopolo.

Auch am Piave waren die Alliierten vorbereitet gewesen und konnten den Übergang der österreichisch-ungarischen Truppen teilweise verhindern. 14 Divisionen kamen über den Fluß und bildeten Brückenköpfe, doch ein weiteres Vorrücken war kaum möglich.

Links oben: Übergang österreichisch-ungarischer Truppen über den Piave am 16. Juni 1918.

Links unten: Pontons und Leichen am Piavedamm nach dem ersten Angriff. Bei der Junioffensive in Venetien sollten auch alle verfügbaren Fliegerkräfte zum Einsatz gebracht werden, doch die Flugzeuge waren den Alliierten mittlerweile technologisch weit unterlegen. Es gab zu wenig

Piloten und zu wenig geschultes Bodenpersonal.
Mitte unten: Österreichisch-ungarische Flugzeugbesatzungen während der Piaveoffensive. Im Hintergrund eine „Hansa-Brandenburg" C-1

Die Fliegerabwehr verfügte zwar über moderne Škoda-Geschütze, allerdings in viel zu geringer Stückzahl, und mußte sich wie in den Jahren davor mit behelfsmäßig montierten Maschinengewehren

ihre Ziele suchen. Rechts: Ein Maschinengewehr, System Schwarzlose 07/12, auf einer Art Baumlafette zur Fliegerabwehr in Venetien, 1918.

Da in Österreich-Ungarn die Zensur nach wie vor streng gehandhabt wurde, brauchte es einige Zeit, ehe das Scheitern der Piaveoffensive bekannt wurde. Da und dort hatte man mit alten Fotos und entsprechender Propaganda auch ein anderes Bild zu vermitteln gesucht. Links oben: Hilfsplatz am Piavedamm, 18. Juni 1918. Links unten: Foto des Kriegspressequartiers mit der Beschriftung „Abtransport gefangener Italiener am 16. Juni 1918 auf der Hochfläche der Sieben Gemeinden". Die tatsächlichen Bilder waren andere: Mitte oben: Gefangene österreichisch-ungarische Soldaten aus der Junioffensive (eine italienische Aufnahme). Mitte unten: Zerstörte

Bagagewagen und Kriegsmüll jeder Art. Rückmarsch der Offensivkräfte. Propagandistisch groß herausgestrichen wurde die Tatsache, daß von den Alliierten auch eine tschechische Legion eingesetzt worden war, die sich aus ehemaligen österreichisch-ungarischen Kriegsgefangenen und Deserteuren rekrutierte. Wurden sie gefangen, galten sie als Landesverräter. Angehörige der tschechischen Legion wurden in solchen Fällen – meist einzeln – eskortiert (rechts oben), standrechtlich abgeurteilt und kurzerhand aufgehängt (rechts unten).

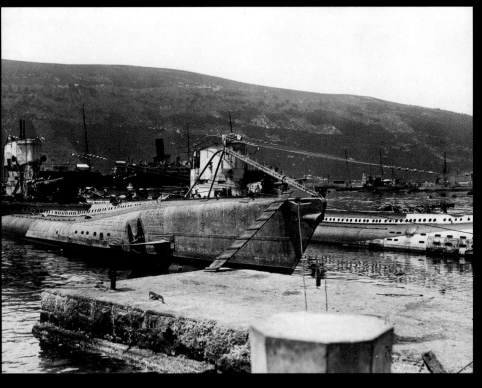

Um die Jahresmitte 1918 war nicht nur klar, daß die k. u. k. Armee am Ende war, auch die Kriegsmarine verzeichnete kaum mehr Erfolge. Vorbei war die Zeit, da ein Flottenverband die alliierte Sperre in der Straße von Otranto durchbrochen hatte und sich der uneingeschränkte U-Bootkrieg führen ließ. Zeitweilig waren deutsche U-Boote unter k. u. k. Flagge gefahren und hatten große Versenkungserfolge eingeheimst. Jetzt waren auch sie immer seltener in der Lage, den alliierten Sperren und Überwachungen auszuweichen. Links unten: Deutsche U-Boote vor Gjenovic in der Bucht von Cattaro. Die k. u. k. Untersee-

boote riskierten bei jeder Ausfahrt immer mehr. Links oben: Ein k. u. k. U-Boot in der Bucht von Cattaro (möglicherweise U-20). Am 10. Juni 1918 gab es den schwersten Verlust, den die k. u. k. Kriegsmarine im Verlauf des Kriegs erlitt. Beim neuerlichen Versuch, die Sperre der Otrantostraße zu durchbrechen, wurde das Schlachtschiff „Szent István" von einem italienischen Schnellboot (M.A.S. 15) in der Nähe von Premuda torpediert und sank innerhalb weniger Stunden (rechts).

Um die Jahresmitte 1918 waren rund drei Viertel aller Angehörigen der k. u. k. Armee nicht mehr an der Front, sondern irgendwo im Hinterland. Oder sie waren Besatzungstruppen. Ihre Kommandanten nahmen zwar weiterhin Vorbeimärsche ab und machten Truppenbesuche, doch sie konnten keine Zuversicht mehr vermitteln. Und dem Nationalitätenproblem standen sie hilflos gegenüber. Links oben: Parade des Feldjägerbataillons Nr. 1 in Sarajevo, 1918. Links unten: Der Kommandierende General in Bosnien-Herzegowina und Dalmatien, Generaloberst Freiherr von Sarkotić bei der Besichtigung des Schützenregiments 18 in Sarajevo, 29. April 1918.

Nachdem der langjährige ungarische Ministerpräsident, Graf Tisza, im Mai 1917 zurückgetreten war, rückte er als Oberst der Reserve zu seinem Regiment ein (rechts), blieb jedoch weiterhin politisch tätig. Bei einem seiner letzten großen Auftritte, auch der in Sarajevo, im September 1918, konnte er jedoch nur mehr feststellen, daß man sich nichts mehr zu sagen hatte. Das Militär stellte eine Art Fassade dar, hinter der sich der Zusammenbruch Österreich-Ungarns vorbereitete.

Nach dem Scheitern der Piaveoffensive forderte die Deutsche Oberste Heeresleitung die Entsendung österreichisch-ungarischer Truppen an die Westfront. Auch dort war eine letzte große Offensive gescheitert und mußte alles darangesetzt werden, ein Zusammenbrechen der Front zu verhindern. Im Juli 1918 wurde mit der Verlegung von vier k. u. k. Infanteriedivisionen begonnen. Abtransport und Ankunft dieser Truppen wurden wieder propagandistisch verwertet. Links oben: Meldung einer bespannten Batterie, wahrscheinlich der k. u. k. 35. Infanteriedivision, im Raum St. Mihiel in Frankreich. Österreichisch-ungarische Truppen

sollten auch einen Anteil an der Gefangennahme von Alliierten haben, also wurde gezeigt, wie britische Kriegsgefangene an österreichisch-ungarischen Soldaten vorbeizogen (links unten). Und es sollte auch nicht verschwiegen werden, daß es Verluste gab. Rechts: Begräbnis eines in Frankreich gefallenen österreichisch-ungarischen Soldaten. Daß die k. u. k. 35. Infanteriedivision in der Schlacht von St. Mihiel am 12. September 1918 Gesamtverluste von über 3.300 Mann gehabt hatte, verblieb freilich der Nachkriegsstatistik.

Am 9. August 1918 überflogen sieben italienische Flugzeuge unter der Führung des Dichters Gabriele d'Annunzio in rund 2.000 Meter Höhe Wien. Statt Bomben warfen sie Flugblätter ab, auf denen unter anderem zu lesen war: „Wollt ihr den Krieg fortführen? Tut es, wenn ihr Selbstmord begehen wollt." Mit Ausnahme einer Maschine, die notlanden mußte, kehrten die Italiener unbeschädigt zurück. Die Haupt- und Residenzstadt Öster-reich-Ungarns lag in Griffweite des Feindes. Das wog weit mehr, als wenn zum wiederholten Mal der Kaiser mit dieser oder jener Aussage zitiert wurde oder man ihm beim Einschlagen eines Nagels in den Brixener Adler

im Eisen" zeigte (Mitte). Die Nationalitäten Österreich-Ungarns hatten sich größtenteils schon ein Nachkriegsziel gegeben, und das hieß: Los von Wien! Wien, so hieß es verkürzt, war an allem Schuld. Am Krieg, am Elend und am Hunger der Kinder (links: Kinder in Prag). Kaiser Karl versuchte es im Oktober noch mit einem Völkermanifest. Zum Schluß fand der Kaiser kaum mehr jemanden, der die Verantwortung mit ihm teilen wollte. Rechts: Der am 25. Oktober 1918 ernannte letzte österreichische Ministerpräsident Univ.-Prof. Dr. Heinrich Lammasch.

Seit Anfang Oktober 1918 bereitete sich Österreich-Ungarn auf den Abschluß eines Waffenstillstands vor. Die Alliierten, vor allem die Italiener, ließen sich jedoch bewußt Zeit, eine österreichische Delegation über die Demarkationslinie zu lassen. Mittlerweile konnte man noch eine Offensive führen und das sich bereits abzeichnende Debakel für die k. u. k. Armeen vergrößern. Am 31. Oktober wurde dann die österreichisch-ungarische Waffenstillstandskommission unter der Leitung von General Viktor von Weber ins Gästehaus der italienischen Heeresleitung in die Villa Giusti bei Padua gebracht. Links oben: Mitglieder

der alliierten Waffenstillstandskommission. Links unten: Die österreichisch-ungarische Delegation betritt die Villa Giusti. – Die Waffenstillstandsbedingungen waren von schrecklicher Einfachheit: Unverzügliche Einstellung der Feindseligkeiten, Rückzug aller Truppen von der Front und aus allen besetzten Territorien. Besatzungsrechte für die Alliierten und Bewegungsfreiheit innerhalb Österreich-Ungarns. Rechts: Eine Kolonne österreichisch-ungarischer Kriegsgefangener bei Bonzicco.

Das k. u. k. Armeeoberkommando gab den österreichisch-ungarischen Truppen den Abschluß des Waffenstillstands noch vor dessen tatsächlicher Unterzeichnung bekannt. Den Alliierten war das gleichgültig. Sie nahmen kurzerhand über 300.000 k. u. k. Soldaten kriegsgefangen (links), ungefähr gleich viel, wie Italien im Jahr zuvor an Gefangenen im Verlauf der 12. Isonzoschlacht

eingebüßt hatte. Alle anderen, die etwas weiter hinten gelegen waren oder denen es gelang, sich durchzuschlagen, trachteten in ihre neuen Heimatländer zu kommen. Der Krieg war zu Ende.

Rechts: Ankunft von Soldaten der Südwestfront auf dem Wiener Südbahnhof, November/Dezember 1918.

Chronik

1914
28. Juni: Ermordung des österreichisch-ungarischen Thronfolgers und Generalinspektors der gesamten bewaffneten Macht, Erzherzog Franz Ferdinand, und seiner Gemahlin Sophie durch bosnisch-serbische Attentäter.
8. Juli: Abschluß nationaler Ausgleichsverhandlungen in Galizien (durch den Kriegsausbruch nicht mehr realisiert).
23. Juli: Befristete Demarche Österreich-Ungarns an Serbien.
25. Juli: Abbruch der diplomatischen Beziehungen Österreich-Ungarns zu Serbien. Beginn der Generalmobilmachung in Serbien.
28. Juli: Kriegserklärung Österreich-Ungarns an Serbien.
29. Juli: Teilmobilmachung in Rußland.
30. Juli: Beginn der Generalmobilmachung in Rußland.
31. Juli: Deutsches Ultimatum an Rußland.
1. August: Beginn der Mobilmachung in Frankreich und im Deutschen Reich. Deutsche Kriegserklärung an Rußland.
3. August: Deutsche Kriegserklärung an Frankreich. Neutralitätserklärungen Italiens und Rumäniens.
4. August: Deutscher Einmarsch in das neutrale Belgien. Kriegserklärung Großbritanniens an das Deutsche Reich.
5. August: Kriegserklärung Montenegros an Österreich-Ungarn.
6. August: Kriegserklärung Serbiens an das Deutsche Reich. Kriegserklärung Österreich-Ungarns an Rußland.
8. August: Tod von Papst Pius X.
9. August: Beginn einer französischen Offensive im Elsaß.
10. August: Verhängung der Blockade über die montenegrinische Küste durch Österreich-Ungarn.
11. August: Kriegserklärung Frankreichs an Österreich-Ungarn.
12. August: Kriegserklärung Großbritanniens an Österreich-Ungarn. Beginn der österreichisch-ungarischen Offensive gegen Serbien. Der ungarische Ministerpräsident Tisza spricht sich gegen eine trialistische Lösung zugunsten der Tschechen aus. Es bleibt beim Dualismus Österreich-Ungarns.
16. August: Der k. u. k. Kreuzer „Zenta" vor Cattaro von französischen Seestreitkräften versenkt.
20. August: Beginn des deutschen Vormarsches in Lothringen.
Einmarsch deutscher Truppen in Brüssel.
23. August: Beginn der Schlacht von Krašnik (bis 25. August). Kriegserklärung Japans an das Deutsche Reich und Beginn der Belagerung von Tsingtau (Einnahme am 7. November 1914).
26. August: Beginn der Schlacht bei Komarów (bis 1. September).
27. August: Kriegserklärung Japans an Österreich-Ungarn.
2. September: Eroberung von Lemberg durch russische Truppen.
3. September: Kardinal Giacomo Marchese della Chiesa wird Papst Benedikt XV.
5. September: Beginn der Schlacht an der Marne (bis 9. September).
8. September: Zweite Offensive österreichisch-ungarischer Verbände gegen Nordwest- und Westserbien.
14. September: Generalleutnant Erich von Falkenhayn löst Generaloberst Helmuth von Moltke als deutschen Generalstabschef ab. Beginn der Räumung von Czernowitz durch die k. u. k. Truppen.
23. September: Geheimer Neutralitätsvertrag zwischen Rumänien und Italien.
9. Oktober: Einnahme der belgischen Festung Antwerpen durch deutsche Truppen.
10. Oktober: Tod König Carols I. von Rumänien. Sein Nachfolger wird König Ferdinand I.
22. Oktober: Kriegseintritt des Osmanischen Reiches an der Seite der Mittelmächte.
28. Oktober: Deutsche Seestreitkräfte (türkischem Kommando unterstellt) greifen russische Häfen im Schwarzen Meer an.
November (bis Juli 1915): Prälat Dr. Musil unternimmt eine Expedition zu den Stämmen der Arabischen Halbinsel, um sie gegen die Briten aufzuwiegeln.
1. November: Kriegserklärung Rußlands an das Osmanische Reich.
2. November: Kriegserklärung Serbiens an das Osmanische Reich. Großbritannien erklärt die gesamte Nordsee zum Kriegsgebiet.
5. November: Kriegserklärung Großbritanniens und Frankreichs an das Osmanische Reich.
7. November: Besetzung von Basra durch britisch-indische Truppen und Beginn des Vormarsches auf Bagdad.
16. November: Beginn der 3. österreichisch-ungarischen Offensive gegen Serbien. Schlacht um Łódź (bis 17. Dezember).
1. Dezember: Schlacht bei Limanowa-Lapanów führt zum Rückzug zweier russischer Armeen (bis 15. Dezember).
2. Dezember: Einnahme Belgrads durch k. u. k. Truppen.
3. Dezember: Beginn der serbischen Gegenoffensive.
15. Dezember: Rückzug der letzten österreichisch-ungarischen Truppen von serbischem Gebiet.
21. Dezember: Das k. u. k. U-Boot „U 12" versenkt in der Straße von Otranto das französische Schlachtschiff „Jean Bart".
Dezember: Tomáš G. Masaryk, Führer der Exilstschechen, erläutert in Rom seinen „Korridorplan".

1915
9./10. Januar: Posener Abkommen über die deutschen und österreichisch-ungarischen Interessensgebiete in Russisch-Polen.
13. Januar: Ablösung des Grafen Leopold Berchtold durch Stefan Graf Burián von Rajecz als k. u. k. Minister des Äußern.
23. Januar: Winterschlacht in den Karpaten (bis Ende März). Schwere Verluste des österreichisch-ungarischen Heeres.
29. Januar: Beginn der Winterschlacht in den Masuren (bis 27. Februar).
4. Februar: Der deutsche Admiralstab erklärt das Seegebiet um Großbritannien zum Kriegsgebiet. Ein Vorstoß osmanischer Truppen gegen den Suezkanal bleibt erfolglos.
6. Februar: Rumänisch-italienisches Defensivbündnis.
16. Februar: Beginn der Schlacht in der Champagne (bis 19. März).
19. Februar: Britisch-französischer Flottenangriff gegen die Dardanellen.
22. März: Kapitulation der österreichisch-ungarischen Festung Przemyśl.
2. April: Osterschlacht in den Karpaten (bis 20. April). Übergang von Einheiten des vor allem aus Tschechen bestehenden Infanterieregiments Nr. 28 zu den Russen.
22. April: Erster Einsatz von Chlorgas durch deutsche Truppen im Gebiet von Ypern.
25. April: Beginn der alliierten Landungen im Dardanellengebiet (Halbinsel Gallipoli).
26. April: Londoner Vertrag zwischen Italien und der Entente.
2. Mai: Beginn der Durchbruchsschlacht von Tarnów-Gorlice.
4. Mai: Aufkündigung des Dreibundvertrages durch Italien.
7. Mai: Besetzung von Libau durch deutsche Truppen.
23. Mai: Kriegserklärung Italiens an Österreich-Ungarn. Die k. u. k. Flotte greift die italienische Küste von Rimini bis Bari an.
3. Juni: Przemyśl von deutschen und österreichisch-ungarischen Truppen wieder erobert.
22. Juni: Lemberg von deutschen und österreichisch-ungarischen Truppen wieder besetzt.
23. Juni: Beginn der 1. Isonzoschlacht (bis 7. Juli).
17. Juli: Beginn der 2. Isonzoschlacht (bis 10. August).
30. Juli: Besetzung von Lublin durch österreichisch-ungarische Truppen.
5. August: Besetzung von Warschau durch deutsche Truppen.
14. August: Beginn einer italienischen Offensive im Raum von Flitsch und Tolmein.
26. August: Beginn der sogenannten „schwarz-gelben" Offensive gegen Rußland. Einnahme von Brest-Litovsk durch deutsche Truppen.
1. September: Einrichtung eines k. u. k. Militärgouvernements in Kielce (ab 1. Oktober in Lublin).
6. September: Abschluß einer Militärkonvention zwischen dem Deutschen Reich, Österreich-Ungarn und Bulgarien.
20. September: Beginn der Offensive deutscher und österreichisch-ungarischer Truppen gegen Rowno (bis 13. Oktober).
5. Oktober: Landung britischer und französischer Truppen in Saloniki. Verletzung der griechischen Neutralität.
6. Oktober: Offensive deutscher und österreichisch-ungarischer Verbände gegen Serbien. Feststellung des gemeinsamen Ministerrates in Wien, wonach die nationale Struktur und der staatsrechtliche Aufbau Österreich-Ungarns keine Gebietserweiterungen vertragen würden.
8. Oktober: Eroberung von Belgrad.
14. Oktober: Kriegserklärung Bulgariens an Serbien, Angriff zweier bulgarischer Armeen gegen Serbien.
18. Oktober: Beginn der 3. Isonzoschlacht (bis 5. November).
22. Oktober: Österreichisch-ungarische Verbände überschreiten die Drina. Bulgarische Verbände halten den Vormarsch französischer Truppen im Vardartal auf.
10. November: Beginn der 4. Isonzoschlacht (bis 11. Dezember). Unterredung Buriáns mit Bethmann Hollweg: Berlin ist für einen Separatfrieden mit Serbien.
25. November: Niederlage des serbischen Heeres auf dem Amselfeld (Kosovo polje). Rückzug der Serben über Montenegro nach Albanien (bis 26. Februar).
Dezember: Friedensinitiativen der sogenannten Meinl-Gruppe.
22. Dezember: Das k. u. k. Militärgeneralgouvernement Belgrad wird eingerichtet.
27. Dezember: Beginn der Neujahrsschlacht in der Bukowina.

1916
4. Januar: Österreichisch-ungarische Offensive gegen Montenegro.
8. Januar: Räumung der Halbinsel Gallipoli durch die Alliierten.
11. Januar: Besetzung des Lovćen-Massivs (Montenegro) durch österreichisch-ungarische Truppen.
23. Januar: Bedingungslose Kapitulation Montenegros. K. u. k. Truppen beginnen den Einmarsch in Albanien.
28. Januar: Bildung einer montenegrinischen Exilregierung in Neuilly-sur-Seine.
21. Februar: Beginn der Schlacht um die Festung Verdun in Nordfrankreich.
29. Februar: Besetzung von Nordalbanien durch Verbände des k. u. k. Heeres abgeschlossen.
11. März: Beginn der 5. Isonzoschlacht (bis 16. März).
16. März: Schwere Kämpfe im Adamello-Gebiet, Sprengung des Col di Lana.
29. April: Kapitulation britisch-indischer Truppen bei Kut el Amara (am Tigris).
15. Mai: Beginn der österreichisch-ungarischen Südtiroloffensive („Strafexpedition").
31. Mai: Seeschlacht im Skagerrak.
2. und 3. Juni: Teschener Konferenz. Cholm wird dem k. u. k. Verwaltungsgebiet zugeschlagen.
4. Juni: Beginn der russischen Sommeroffensive (Brusilov-Offensive). Bis 31. August schwere Verluste des k. u. k. Heeres.
6. bis 22. Juni: Blockade Griechenlands durch die Entente; am 21. Juni: Demobilisierung der griechischen Armee.
16. Juni: Ende der Schlacht in Südtirol.
24. Juni: Beginn der Somme-Schlacht in Nordfrankreich (bis 26. November).
4. August: Beginn der 6. Isonzoschlacht (bis 17. August). Görz von italienischen Truppen erobert.
23. August: Kriegserklärung Italiens an das Deutsche Reich.
27. August: Kriegserklärung Rumäniens an Österreich-Ungarn. Beginn einer rumänischen Offensive gegen Siebenbürgen.
28. August: Kriegserklärung des Deutschen Reichs an Rumänien.
29. August: Generalfeldmarschall von Hindenburg löst General von Falkenhayn als Chef des deutschen Generalstabes ab.
September: Getreideernte in Österreich-Ungarn auf die Hälfte des Friedensertrages gesunken. Schwere Versorgungsprobleme in der österreichischen Reichshälfte.
1. September: Kriegserklärung Bulgariens an Rumänien.
14. September: Beginn der 7. Isonzoschlacht (bis 17. September).
22. September: Beginn der Gegenoffensive deutscher und österreichisch-ungarischer Truppen in Siebenbürgen. Rückeroberung des Karpatenkammes durch k. u. k. Truppen (bis 2. November).
9. Oktober: Beginn der 8. Isonzoschlacht (bis 12. Oktober).
21. Oktober: Der k. k. Ministerpräsident Karl Graf Stürgkh wird von Friedrich Adler erschossen. Nachfolger Stürgkhs wird Ernest von Koerber.
31. Oktober: Beginn der 9. Isonzoschlacht (bis 4. November).
5. November: Proklamierung eines selbständigen Königreichs Polen durch das Deutsche Reich und Österreich-Ungarn.
15. und 16. November: Deutsch-österreichisch-ungarische Kriegszielkonferenz in Berlin.
19. November: Die tschechischen Parteien im österreichischen Reichsrat proklamieren die Bildung einer „Tschechischen Union".
21. November: Tod Kaiser Franz Josephs I. Sein Nachfolger wird Kaiser Karl I.
6. Dezember: Eroberung von Bukarest durch Truppen der Mittelmächte.
12. Dezember: Friedensangebot der Mittelmächte an die Alliierten (am 30. Dezember abgelehnt).
13. Dezember: Rücktritt der Regierung Koerber.
18. Dezember: Vergeblicher Friedensaufruf des amerikanischen Präsidenten Woodrow Wilson.
20. Dezember: Neuer k. k. Ministerpräsident wird Heinrich Graf Clam-Martinic. Ottokar Graf Czernin neuer k. u. k. Minister des Äußern.

1917

Januar bis Mai: Vertrauliche Friedensangebote Kaiser Karls an die Alliierten durch Prinz Sixtus von Bourbon-Parma. Italien lehnt Verhandlungen über einen Sonderfrieden ab.
10. Januar: Besetzung der Walachei durch Truppen der Mittelmächte abgeschlossen. Note Frankreichs, Großbritanniens, Rußlands und Italiens betreffend die alliierten Kriegsziele. Genannt werden die Befreiung der Italiener, Südslawen, Rumänen, Tschechen und Slowaken von fremder Herrschaft.
12. Januar: Kronrat unter dem Vorsitz Kaiser Karls: Integrität der Monarchie, weitgehende Existenzmöglichkeiten für Serbien, Annäherung an Rußland notwendig; Status quo in der polnischen Frage.
1. Februar: Beginn des uneingeschränkten U-Boot-Krieges.
27. Februar: General der Infanterie Arz von Straußenburg löst Generaloberst Conrad von Hötzendorf als Chef des Generalstabes des k. u. k. Heeres ab. Bildung eines gemeinsamen Ernährungsausschusses für beide Reichshälften, der dem Kaiser direkt unterstellt ist.
März: Memorandum Czernins über eine allgemeine Friedensanbahnung.
12. März: Beginn der (bürgerlichen) Revolution in Rußland.
15. März: Zar Nikolaj II. von Rußland dankt ab.
16. März: Kriegszielgespräche Czernins mit Bethmann Hollweg in Wien.
26. und 27. März: Kriegszielbesprechungen in Berlin.
6. April: Kriegserklärung der USA an das Deutsche Reich. Beginn der französischen (Nivelle-)Offensive in Frankreich.
16. April: Ankunft Lenins in St. Petersburg.
19. bis 21. April: Englisch-französisch-italienische Konferenz in St. Jean de Maurienne. Ein Sonderfrieden mit Österreich-Ungarn wird abgelehnt.
23. April: Kriegszielbesprechung in Bad Kreuznach zwischen dem Deutschen Reich und Österreich-Ungarn.
12. Mai: 10. Isonzoschlacht (bis 5. Juni).
15. Mai: Seegefecht in der Otrantostraße.
27. Mai: Beginn der Schlacht in Flandern (bis 3. Dezember).
30. Mai: Wiederzusammentritt des österreichischen Reichsrats.
10. Juni: Italienische Offensive im Gebiet der Sieben Gemeinden (Ortigaraschlacht; bis 29. Juni).
12. Juni: Abdankung König Konstantins I. von Griechenland auf Druck von Briten und Franzosen.
15. Juni: Moritz Graf Esterházy Nachfolger Tiszas als ungarischer Ministerpräsident.
23. Juni: Ernst Seidler von Feuchtenegg Nachfolger von Clam-Martinic als k. k. Ministerpräsident.
27. Juni: Griechenland tritt der Entente bei.
29. Juni: Offensive des russischen Heeres in Weißrußland (Kerenskij-Offensive).
2. Juli: Kriegserklärung Griechenlands an das Deutsche Reich, Österreich-Ungarn, Bulgarien und das Osmanische Reich. Kaiser Karl erläßt eine Amnestie für politische Delikte. Einsatz einer tschechischen Brigade bei Zborów im Rahmen der Kerenskij-Offensive.
16. bis 18. Juli: Bolschewistischer Aufstand in St. Petersburg scheitert.
19. Juli: Beginn der Gegenoffensive der Mittelmächte an der Ostfront. Friedensresolution des deutschen Reichstags.
20. Juli: Vertrag von Korfu zwischen Serben und Kroaten über die Errichtung eines Königreiches der Serben, Kroaten und Slowenen.
24. Juli: Entlastungsangriffe rumänischer und russischer Truppen bei Focsani.
August (bis März 1918): Wiederholte Friedenskontakte zwischen österreichisch-ungarischen Emissären mit Briten und Franzosen. Erlassung des Kriegswirtschaftlichen Ermächtigungsgesetzes.
1. August: Vergeblicher Friedensappell Papst Benedikts XV.
17. August: Friedensbrief von Heinrich Lammasch an den britischen Lordkanzler.
18. August: Beginn der 11. Isonzoschlacht (bis 13. September).
20. August: Sándor Wekerle neuer ungarischer Ministerpräsident als Nachfolger von Moritz Graf Eszterházy.
25. August: Demission des Provisorischen Staatsrats des Königreichs Polen.
24. Oktober: Beginn der 12. Isonzoschlacht. Deutsche und österreichisch-ungarische Truppen erzielen einen Durchbruch bei Flitsch und Tolmein. In der Folge Vormarsch bis an den Tagliamento.
5. und 6. November: Berliner Kriegszielkonferenz.
7. November: Beginn der bolschewistischen Revolution in Rußland.
10. November: Deutsche und österreichisch-ungarische Truppen erreichen den Piave.
20.–29. November: Alliierter Großangriff bei Cambrai mit „Tanks".
3. Dezember: Beginn von Waffenstillstandsverhandlungen zwischen den Mittelmächten und Rußland.
7. Dezember: Kriegserkärung der USA an Österreich-Ungarn.
9. Dezember: Besetzung Jerusalems durch britische Truppen. Waffenstillstand zwischen den Mittelmächten und Rumänien in Focsani.
15. Dezember: Waffenstillstand zwischen den Mittelmächten und Rußland in Brest-Litovsk.
22. Dezember: Beginn von Friedensverhandlungen zwischen den Mittelmächten und Rußland.
Dezember bis Februar 1918: Friedenssondierungen zwischen österreichisch-ungarischen und britischen Vertretern.

1918

3. bis 25. Januar: Jännerstreiks in Österreich-Ungarn. Nach und nach sind über 700.000 Arbeiter im Ausstand.
6. Januar: „Dreikönigsdeklaration" der tschechischen Abgeordneten.
8. Januar: Friedensbotschaft von US-Präsident Wilson („14 Punkte").
19. Januar: Widersetzlichkeiten bei Marschformationen des k. u. k. Infanterieregiments Nr. 26 in Maria-Theresiopel (Subotica).
1. Februar: Matrosenrevolte im k. u. k. Kriegshafen von Cattaro. Bei der Niederschlagung vier Todesurteile vollstreckt (bis 3. Februar).
9. Februar: Friedensvertrag der Mittelmächte mit der Ukrainischen Volksrepublik.
11. Februar: Die tschechischen Parteien fordern die Gründung eines tschechischen demokratischen Landesteils in den historischen Grenzen Böhmens und Mährens.
18. Februar: Besetzung der baltischen Provinzen durch deutsche Truppen (bis 4. März).
28. Februar: K. u. k. Truppen beteiligen sich am Einmarsch in die Ukraine.
Ende Februar: Kaiser Karl will die 14 Punkte Wilsons mit Einschränkungen anerkennen.
1. März: Versenkung des k. u. k. Großkampfschiffes „Szent István" in der Straße von Otranto.
3. März: Friedensvertrag von Brest-Litovsk zwischen den Mittelmächten und Rußland.
14. März: Besetzung Odessas durch Verbände der Mittelmächte.
20. März: Eisenbahnerstreik in Pilsen.
21. März: Deutsche Frühjahrsoffensive in Belgien und Frankreich (bis 17. Juli).
1. April: Der erste Luftpostverkehr der Welt wird auf der Strecke Wien-Olmütz-Krakau-Lemberg-Kiev aufgenommen.
3. April: Beginn der deutschen Intervention in Finnland auf seiten der Nationalisten.
8. April: Kongreß der unterdrückten Völker (Österreich-Ungarns) in Rom (bis 11. April).
12. April: Clémenceau veröffentlicht den (ersten) „Sixtusbrief". Kaiser Karl leugnet ihn ab. Der Minister des Äußern, Czernin, tritt zurück.
25. April: Heimkehrermeutereien in Böhmen, Mähren und Galizien (bis 5. Juli).
1. Mai: Slowakische Arbeiter fordern das Selbstbestimmungsrecht für die Slowaken.
7. Mai: Abschluß des Friedensvertrages von Bukarest zwischen den Mittelmächten und Rumänien.
12. Mai: Kaiser Karl in Spa: Planung eines langfristigen, engen, politischen Bündnisses mit dem Deutschen Reich. Meutereien in Judenburg, Murau, Fünfkirchen, Rumburg und Radkersburg (bis 24. Mai).
30. Mai: Vertrag von Pittsburgh (USA) zwischen dem tschechischen Emigrantenführer T. G. Masaryk und amerikanischen Slowakenführern.
2. Juni: Meutereien in Kragujevac.
15. Juni: Beginn der Piaveschlacht. Die letzte Offensive des k. u. k. Heeres scheitert (bis 25. Juni).
3. Juli: Sultan Mohammed VI. neuer Herrscher des Osmanischen Reichs.
6. Juli: Beginn der alliierten Offensive in Albanien (bis 13. Juli).
17. Juli: Zar Nikolaj II. wird mit seiner Familie von Bolschewisten erschossen.
19. Juli: Wahlrechtsänderung in Ungarn.
24. Juli: Österreichisch-ungarische Gegenoffensive in Albanien (bis 26. August).
25. Juli: Max Freiherr Hussarek von Heinlein wird neuer österreichischer Ministerpräsident.
8. August: Schlacht von Amiens (bis 11. August). Beginn des Zusammenbruchs der deutschen Front in Frankreich.
9. August: Anerkennung der Tschechoslowakei als kriegsführende Nation durch Großbritannien.
14. August: Besuch Kaiser Karls in Spa.
14. September: Friedensnote Kaiser Karls „An alle".
15. September: Alliierte Offensive an der Mazedonienfront (bis 29. Oktober).
18. September: Beginn der alliierten Offensive in Palästina.
24. September: Deutsch-österreichisch-ungarische Besprechungen über die polnische Frage.
26. September: Masaryk proklamiert in Paris einen selbständigen tschechoslowakischen Staat.
29. September: Waffenstillstand zwischen Bulgarien und den Alliierten. Generalfeldmarschall Hindenburg verlangt von der deutschen Reichsregierung Schritte zum Abschluß eines Waffenstillstandes.
1. Oktober: Beginn der Räumung Albaniens durch österreichisch-ungarische Truppen.
2. Oktober: Besetzung von Damaskus durch britische Truppen. Südslawen streben einen eigenen unabhängigen Staat an.
3. Oktober: Beginn der Räumung Serbiens durch deutsche und österreichisch-ungarische Truppen.
4. Oktober: Zar Ferdinand I. von Bulgarien dankt zugunsten seines Sohnes Boris ab. Friedensnote Österreich-Ungarns an US-Präsident Wilson.
6. Oktober: Konstituierung eines Nationalrates der Slowenen, Kroaten und Serben in Agram.
14. Oktober: Konstituierung einer tschechoslowakischen Regierung in Paris.
16. Oktober: Völkermanifest Kaiser Karls.
18. Oktober: Konstituierung eines ukrainischen Nationalrates in Lemberg. Wilson lehnt die österreichisch-ungarische Friedensnote ab.
20. Oktober: Meutereien von österreichisch-ungarischen Feldeinheiten.
21. Oktober: Konstituierung einer provisorischen Nationalversammlung Deutschösterreichs.
23. bis 26. Oktober: Besuch des Kaiserpaars Karl und Zita in Debrecen. Der ungarische Reichstag beschließt die Loslösung von Österreich.
24. Oktober: Beginn der alliierten Offensive am Piave. Rücktritt Buriáns. Graf Gyulá Andrássy d. J. wird letzter k. u. k. Minister des Äußern. Einsetzen von Massendesertionen und Plünderungen.
26. Oktober: Kaiser Karl löst das Bündnis mit dem Deutschen Reich.
27. Oktober: Bildung der letzten kaiserlich-österreichischen Regierung unter Heinrich Lammasch.
28. Oktober: Proklamation eines selbständigen tschechoslowakischen Staates in Prag. Anschluß der polnischen Gebiete Österreich-Ungarns an den polnischen Staat.
30. Oktober: Waffenstillstand zwischen dem Osmanischen Reich und den Alliierten. Einrichtung eines provisorischen Staatsrats und einer deutschösterreichischen Regierung.
31. Oktober: Übergabe eines Großteils der k. u. k. Kriegsmarine an den südslawischen Staat. Der ehemalige ungarische Ministerpräsident István Graf Tisza wird ermordet.
1. November: Versenkung des (ehemaligen) k. u. k. Flaggschiffes „Viribus Unitis" durch italienische Kampfschwimmer. Bildung einer selbständigen ungarischen Regierung unter Graf Mihály Károlyi. Serben besetzen Belgrad.
2. November: Rücktritt des letzten österreichisch-ungarischen Ministers des Äußern Graf Andrássy.
3. November: Abschluß des Waffenstillstands von Villa Giusti zwischen Österreich-Ungarn und den Alliierten (am 4. November in Kraft getreten).
6. November: Besetzung von Teilen Tirols und Salzburgs durch deutsche Truppen (Rückzug bis 10. November). Die k. u. k. Donauflottille läuft in Budapest ein.
7. November: Revolution in München; Flucht des bayerischen Königs.
9. November: Abdankung Kaiser Wilhelms II.
11. November: Verzichtserklärung Kaiser Karls auf Teilnahme an den Staatsgeschäften. Unterzeichnung des Waffenstillstandes zwischen dem Deutschen Reich und der Entente in Compiègne.
12. November: Ausrufung der Republik Deutschösterreich durch die provisorische Nationalversammlung.

EINE MARINE- UND MILITÄRGESCHICHTE
DES ERSTEN WELTKRIEGES

Anton Haus – Österreich-Ungarns Grossadmiral

Paul G. Halpern

**ANTON HAUS –
ÖSTERREICH-UNGARNS
GROSSADMIRAL**

360 Seiten,
16 SW-Abbildungen,
geb.
ISBN 3-222-12567-8

*Das faszinierende Porträt
eines k. u. k.
Flottenkommandanten
im Ersten Weltkrieg,
basierend auf neuen Quellen
und Forschungen.*

verlag : STYRIA

Graz Wien Köln